PAPALOTL:

La última mariposa Monarca

Número de Control de la Biblioteca del Congreso de EE. UU.:		2014911032
ISBN:	Tapa Dura	978-1-4633-8622-1
	Tapa Blanda	978-1-4633-8624-5
	Libro Electrónico	978-1-4633-8623-8

Este libro fue impreso en los Estados Unidos de América.

Fecha de revisión: 18/06/2014

Para realizar pedidos de este libro, contacte con:
Palibrio LLC
1663 Liberty Drive
Suite 200
Bloomington, IN 47403
Gratis desde EE. UU. al 877.407.5847
Gratis desde México al 01.800.288.2243
Gratis desde España al 900.866.949
Desde otro país al +1.812.671.9757
Fax: 01.812.355.1576
ventas@palibrio.com
635380

PAPALOTL:
La última mariposa Monarca

Pedro Reyes Ginori

CAPÍTULO I

Vio, a lo lejos, enclavada en la ladera, una cabaña desprovista de ornamentos: sin macetas en el pretil de la balaustrada ni jaulas en los muros de madera; aun así destacaba como una visión promisora del tan deseado bálsamo para sus huesos plastificados por la extrema fatiga. Esa promesa, que el humo de la chimenea le ponía por escrito en el cielo, la deletreaban torpemente sus ojos.

"¿Será que la fiebre me hace alucinar?" –restregó sus párpados con el puño, limpiándose la duda.

De súbito la cabaña adquirió la apariencia de una amiba colosal que vomitaba un chorro de nubes. "¡Sí, sólo es una alucinación!". Estrujado por un vuelco estomacal, hizo de sus manos el refuerzo que suturase las cuarteaduras con que la náusea lo iba quebrantando. A punto de desfallecer gimió:

- ¡No!... ahora no... Me harían trizas las malditas – Desesperado, luchó contra el vértigo que amenazaba derribarlo.

Su cuerpo se tambaleó al imaginarse a merced de las diosas nocturnas. Se daba cuenta de que además de la pierna izquierda lacerada, la derecha también sucumbía a la extenuación; aun así, su voluntad nadaba a contracorriente del desvanecimiento, como una perra que cargara del hocico a su cachorro a través de un río enloquecido.

Vio de nuevo la cabaña. Continuaba ahí, frente a él, ahora simplemente cabaña. Le bastaría bajar de la colina donde se hallaba, la cual era en realidad un insignificante mogote si se comparaba con las cumbres nevadas de Canadá, las que para él era de lo más común descender esquiando, mientras que de ésta bien podría dejarse caer y rodar hasta el estrecho llano cultivado y, después de transponerlo, ascender por la ladera y alcanzar la cabaña. Lástima que en la cuesta hubiera tan desordenada proliferación de pinos. Sería insensato arriesgarse a sabiendas de que acabaría sin un hueso sano. "¿Por qué si me topé con infinidad de zonas taladas, ésta no es una de ellas?" –Murmuró renegando de su mala suerte.

Descartando la rapidez por inalcanzable para sus piernas derrotadas reanudó la marcha. Exasperado de su propia lentitud empuñó con furia su bastón y se impulsó. El dolor en la pierna izquierda le arrancó una blasfemia, pero no se detuvo. A través del vaho con que el dolor velaba su vista le pareció distinguir el indeciso desplegarse de la cortinilla de una ventana.

- Ahí hay alguien... Sí, ¡Seguro que sí! – La voz se le quebró. Ahora que su salvación se hallaba a unos pasos, tuvo plena conciencia de haber podido morir en el camino, porque la gangrena en su pierna había sido siempre una realidad palpable y dolorosa de la que sus ojos no querían saber nada. Ahora se atrevía: verla e imaginarse cojo para siempre, colapsó aquella fortaleza donde había mantenido aherrojados el llanto y la vergüenza. Cuando de sus párpados escurrió la primera lágrima pensó en sus padres. ¿Qué opinarían de su arrogante hijo si lo vieran comportarse como un infante desamparado? Y sus amigas... ¡cómo se refocilarían! Para su consuelo, el deplorable espectáculo se había consumado sin testigos malévolos. Corrección: Sí, sí había uno, el más severo: su propia memoria. No podría sobornarla. Se regodearía humillándolo con el recuerdo de su fragilidad, aunque ésta no fuese otra cosa que la misma fortaleza reducida a guiñapo por el embate de una adversidad hasta hacía poco respetuosa.

- Debo parecer una piltrafa –pensó mientras se sacudía el polvo de su mugrosa vestimenta.

El desaliño no sería la mejor carta de presentación, así se tratase de gente rústica, porque podrían confundirlo con un vagabundo..., quizá con un maleante. Pero esta basurilla de su vanidad revoloteó sólo lo que duraría un parpadeo. Facineroso o pordiosero ¿qué importaba? Con tal de conservar la chispa que aún le quedaba de la lucidez que la fiebre había calcinado hasta reducirla a las pavesas que, ahora, la alegría amenazaba dispersar. Era imperativo, entonces, hacer acopio de serenidad para substraerse a las pezuñas de una euforia traicionera. No deseaba ser vapuleado por recriminaciones, que ya muchas –desde el día del accidente- le habían mordido los talones al arrepentimiento. Ciertamente, en lugar de haberse dejado seducir por lo incierto debió desandar camino; pero ningún presentimiento había asomado, al menos la nariz, para desmentir la información que el jefe del proyecto le proporcionara en Canadá:

- Descuida, Thomas –le había dicho- es imposible que te pierdas, porque en las regiones montañosas de México siempre encontrarás asentamientos indígenas no muy distantes entre sí.

Y no fue porque en su estima las palabras de su jefe alcanzaran el rango de oráculo, por muy doctor en ciencias que fuese, sino porque así había sucedido desde que se internara en este país, lo que lo resolvió a negarse a dar "Ni un paso atrás, ni para agarrar vuelo"; sentencia que, si bien la había aplicado exitosamente en sus correrías de Casanova, en esta ocasión le resultara contraproducente.

Al recordar que en los lugares donde aún se mantenían vigentes muchas costumbres de la vieja cultura la gente solía ser, más que recelosa, hostil con los extranjeros pensó en la posibilidad de que, si los habitantes de la cabaña resultasen de esa condición, su salvación quedaba en entredicho. En otras circunstancias, cuánto se hubiera congratulado de trabar conocimiento con una etnia auténtica, aunque fuesen poco amigables. Con lo que sabía de la historia prehispánica de las principales culturas mesoamericanas, de sus tradiciones y manifestaciones artesanales, así como también de su actual organización social y política, se explicaría por qué sus poblaciones nunca eran demasiado densas; encontraría la razón de su voluntaria marginación, de su obstinada resistencia a incorporarse a los sistemas productivos modernos y, más que otra cosa, quería descubrir en las mujeres aborígenes aquella fascinación bajo cuyo influjo el conquistador español cambió el arma del exterminio por la del mestizaje. Daba por sentado que como en esas comunidades prevalecía el sincretismo religioso, rendirían culto a Tlaloc y a otros dioses trasmutados por la iconografía cristiana. Seguramente los querubines eran para ellos los tlaloques asomándose entre las nubes; Cristo, un avatar de Quetzalcoatl; la Coyolxahuqui, no menos diosa que la Guadalupana, aunque a ésta le sirviera de escabel. Con una sonrisa maliciosa recordó la advertencia con la que el director del Instituto concluyera su conferencia sobre el panteón prehispánico mexicano:

- Tengan cuidado con las diosas nocturnas que acechan a los hombres en las encrucijadas de los caminos. ¡Ninguno se les va vivo!: son las Cihuateteo.

Motivado más por su sensualidad que por intencional herejía, pensó que el mito de las Cihuateteo no carecía de cierto erotismo trágico, a la vez que atrayente. Trágico porque la muerte de parto las había deificado; pero el haber sido excluidas de la vida mientras contribuían a perpetuarla hacía de ellas diosas vengativas que seducían a los incautos trasnochadores para provocarles la muerte durante la polución, única muerte de algún modo equivalente a la de ellas. Morir en pleno vértigo, sin ser advertido de que moriría, era atrayente para Thomas.

Confiando en que la casualidad estaba de su lado, tarde o temprano observaría en la realidad lo que su imaginación había recreado. Después de todo, mucho de casual había en el errático vuelo de las mariposas monarca, a las que desde Canadá venía rastreando. Sin embargo, a pesar de que ya se encontraba en territorio mexicano, de las viejas culturas sólo el vestigio de los rasgos étnicos subsistía entre los habitantes de las poblaciones mayoritariamente indígenas. Optimista, como cuando de niño buscaba el caballo de siete colores en cada arcoíris, iba dejando atrás esos pueblos con la certidumbre de que en el siguiente de su itinerario encontraría una tribu de penacho y taparrabo o, al menos, de las que aún se ataviaban con huipil y faldellín. Para ganarse su confianza, nada mejor que simular encontrarse perdido. Esto le dio resultado en los pueblos por donde había pasado, pues la gente, movida por la lástima, dejaba de lado su actitud huraña. De la morralla de las pláticas interminables durante las noches en que lo había hospedado alguno de los escasos vecinos, obtuvo más provecho que de las conferencias impartidas al grupo de candidatos al proyecto de las mariposas monarca. En esas conferencias se les había expuesto un tan abultado inventario de riesgos así como también de sus respectivos antídotos, que el ciclo de conferencias más parecía una campaña de sabotaje a dicho proyecto. Pero en ese arsenal no se hallaba la advertencia que lo hubiera puesto en guardia de lo peligrosas que podrían resultar las aventuras sexuales, como la de aquella noche en que sintiendo que las tripas grandes se estaban comiendo a las pequeñas, había llegado a la única posada del pueblo que encontró a su paso. Pensó que estaba de suerte porque a pesar de lo avanzado de la noche le dieron servicio en el restorán dos meseras somnolientas. Extranjero, y guapo por añadidura, no le sorprendió que a sus servicios las muchachas agregaran el gratuito aderezo del coqueteo. Nada más natural que saciado uno, otro apetito se le despertase con el estímulo feromónico de las mariposillas disfrazadas de meseras. Ya estaba en la cama con una cuando la otra entró en el cuarto; entonces, sin gastarse la cortesía de interrumpir lo que estaba haciendo, con un ademán le indicó que se acercara. Pero la advenediza, súbitamente transfigurada, arremetió contra su compañera. Estupefacto, Thomas se había quedado escuchando el alud de injurias, y cuando al fin creyó adivinar el motivo de su cólera les dijo:

– ¿Para qué discuten sobre quién de las dos me vio primero, si pueden compartirme simultáneamente?

Aturdido por una letanía muy poco edificante, pero elocuente, había logrado escabullirse con los pantalones en la mano. A punto de echar a andar su coche escuchó como despedida: ¡Pinche gringo degenerado!

– Al menos quedó a salvo la reputación de los canadienses – murmuró mientras huía escarnecido por el abucheo insistente de los perros callejeros.

En el primer tramo recto de la carretera orilló su coche. Sería la primera vez, desde que emprendiera la investigación, que pasara la noche en campo raso, rodeado de una soledad que la luna llena hacía más vasta; y aunque se esforzaba en apoyar su valor en una sonrisa de confuso origen, le fue imposible suprimir de su mente la sospecha de que aquellas fámulas bien podrían haber sido unas Cihuateteo, pues ¿cómo, de no serlo, su comportamiento había sido tan diametralmente opuesto al de sus amigas canadienses en circunstancias idénticas?

Hipnotizado por el remoto fanal que alumbraba las montañas distantes había comenzado a adormilarse. La neblina de un recuerdo atrapado en el último trozo de vigilia fue aglutinándose hasta adquirir la solidez de un sueño: Sus amigas lo habían acompañado hasta la frontera y mientras ellas lo despedían, otras mujeres, más allá, abrían sus brazos. Pero entre éstas se hallaban las Cihuateteo, las más bellas y sensuales, en nada parecidas a las iracundas meseras. De pronto, todas desaparecían inexplicablemente, todas excepto las Cihuateteo, hacia quienes un impulso, también inexplicable, lo arrastró. No eran dos sino muchísimas, y todas ellas lo acosaban con vehemencia tal que el terror a la muerte lo obligó a despertar. Su miedo, no obstante, había sido volátil. Dos semanas después de su aventura con las meseras, tanto sus premoniciones como sus propósitos se habían borrado de su ánimo como las huellas en nieve tardía, quizá porque sobre su cabeza papaloteaban sucediéndose con mayor frecuencia bandadas de mariposas monarca.

A diferencia de otras veces, ni lo accidentado del camino ni la polvareda que el autobús de transporte público levantaba delante de él lo amilanaron. Sin aminorar la marcha, tomaba notas en su libreta de campo cuando era necesario; pero la urgencia de proveerse de gasolina le iba a imponer una tregua a su repentina hiperkinesia. En la población siguiente se aprovisionó de gasolina y mitigó el hambre a velocidad de estudiante esquivando, contra su costumbre, la conversación con los mestizos lugareños. Sin protocolarias despedidas saltó a su coche como si alguien lo urgiera a apresurarse.

Atrozmente magullado por el constante rebotar sobre el lomo del camino, y con sus nervios extenuados por la sevicia de una angustia que se recrudecía cada vez que pasaba por una de las estrechas cornisas de los desfiladeros, frenó malhumorado y se apeó como de un caballo. Levantó la mirada: las estrellas más impacientes ya habían comenzado a agujerear el crepúsculo. Se aproximó al borde de la escarpa y desahogó un deseo apremiante, rememorando el remoto placer infantil de sentirse lluvioso cuando, con sus amigos alpinistas, orinaba sobre las nubes. Nostálgico, dejó que su vista navegara sobre al aluvión de sombras que a sus pies iba inundando las mil cumbres boscosas, y mientras una a una quedaban sumergidas, el viento se tornaba más y más frío. Volvió al coche, jaló la frazada del asiento trasero, ocupó nuevamente el lugar junto al volante y, traicionado por su ya prolongada abstinencia, seleccionó de entre sus complacientes amigas a la insaciable Gladys para soñarla.

Como hacía frío cerró la ventanilla; se arrebujó hasta la nariz y echó un último vistazo a las mariposas que, como una sombra difusa semejante a inmenso listón ondulante, desde el horizonte oriental avanzaba con el movimiento de mansa marea a escasos metros del suelo. Aunque parecía indecisa, la parvada seguía aproximándose hasta remansar cerca del vehículo como si éste las contuviera; enseguida, la parvada giró sobre sí misma emitiendo rumores desapacibles y fosforescencias intermitentes. Una embestida súbita del viento trastrocó ese coro anodino en un estrépito de mariposas en estampida que apisonaron el fulgor fosforescente pulverizándolo hasta convertirlo en un enjambre de sombras aéreas cuyo trajín parecía la crepitación de un bosque en llamas. El estruendo le abrió los ojos para inyectárselos con una sobredosis de terror paralizante.

A través de las ventanillas cerradas el jadeo espasmódico lastimaba sus oídos transformado en gruñidos escarificadores, en tanto que las refulgencias mortecinas pendían ingrávidas, goteando fumarolas cuyo aroma delataba su descomunal poder corrosivo. Supo que moriría si no lograba dominar sus estremecimientos porque ellos romperían el precario equilibrio de la ebullente nebulosa hostil. Ni en sus peores pesadillas había vivido angustia semejante a ésta de sentirse como un feto abandonado en arenas movedizas. No, no soñaba ni era víctima de alucinaciones.

La conciencia de su vigilia en nada contribuyó a dilucidar la naturaleza del tumultuoso, repulsivo jadeo, así como tampoco la del olor mutante, a veces dulzón y en otras de una aceda hediondez de carroña. El rumor carraspeante evolucionaba con cadencias irregulares, y cuando esa desarmonía fue decreciendo, presintió el estallido de un lamento. Pero otro estallido, en su cerebro, lo obligó a abandonar la posición fetal.

- ¡Las Cihuateteo! –exclamó, en un rumor al que el miedo le puso sordina.

En ese momento recordó que en las encrucijadas y recodos de los caminos estas deidades espectrales asaltaban a los viajeros imprudentes o ignorantes. Y él se encontraba en uno de los lugares propicios.

Acosado por una jauría de estupores, o sucumbía a las dentelladas de la locura o rasgaba la membrana que obturaba su garganta.

- ¡Mamáááá!... –Rompió su mutismo con este grito.

El fulgor se eclipsó como si a una señal millares de pupilas se hubieran ocultado tras invisibles párpados. Sin duda la evocación a la madre había conjurado no sólo el fulgor sino también el murmullo siniestro, y en su lugar resonaba el grito con intensidad decreciente hasta disolverse en un silencio constrictor, casi sólido.

Ahora ya lo sabía: se hallaba en compañía femenina; pero distaba mucho de ser como la de aquellas ocasiones de erotismo desenfrenado en la intimidad ambulante de su coche. Este recuerdo le devolvió la edad y atizó su sangre adormecida con sus guiños voluptuosos.

Bajo la indecisa luz estelar logró distinguir las opulentas desnudeces de jóvenes mujeres, cuyos movimientos lascivos fueron fundiéndole gradualmente el miedo que había trabado sus mandíbulas. Poco después, los vidrios se hallaban completamente empañados con su transpiración y, en vez de limpiar el más próximo, lo bajó para contemplarlas a sus anchas. Una ráfaga violenta inundó el interior provocándole vértigos su picante aroma almizclado, y al mismo tiempo se sintió apretujado por numerosos cuerpos en una pugna por ocupar el lugar más cercano a él. La marea de miembros no perdonaba ni un palmo de su piel, sin violencia, dulcemente, con un toqueteo que el confinamiento hacía deslizante como el de un cardumen. En el paroxismo de su excitación, los senos menudos y fríos de una adolescente se posaron en su rostro y esta frialdad destempló el ardor de su corazón.

Afuera, el tumulto acrecentaba la violencia de su oleaje en torno del coche, porfiando en invadir su interior.

Tras varios intentos fallidos, Thomas logró hacer suya una de sus manos para oprimir el interruptor de la marcha. Presionó el acelerador hasta el fondo, patinaron las llantas, avanzó a ciegas unos metros y el coche se derrumbó pendiente abajo. El estruendo de la lámina resonaba extrañamente al ser engullido por el silencio del abismo.

Thomas había recobrado el aplomo desde los primeros vuelcos, logrando conservarlo hasta un poco antes de haber llegado a la garganta del despeñadero. Las Cihuateteo, entretanto, habían reanudado su acoso con furia demencial. Tironeaban de él como si se las hubieran con las vísceras inertes del coche moribundo, a cual más decidida a no compartirlo. De pronto, como por ensalmo, desaparecieron.

Cuando Thomas recobró el sentido, la luna se había levantado ya de su lecho montañoso, y la indulgente claridad de su faz menguante le disimuló el desastre.

El automóvil aún se mantenía dignamente sobre sus ruedas; bastante maltrecho, eso sí, pero quizá resistiera una cirugía. De la exploración de su propio cuerpo anticipó un diagnóstico precoz. Podía mover el cuello, los brazos, las piernas... No, la izquierda se negaba; ahí el pantalón se encontraba húmedo. Quiso forzarla con las manos y la violencia del dolor lo disuadió de un segundo intento. Consultó su reloj: no tardaría en amanecer. Luego miró el fragmento luminoso y le pareció de justicia enviarle un mensaje de gratitud a la diosa Coyolxauhqui por haberlo rescatado de las garras de las Cihuateteo.

Tiritaba, no sólo por el frío precursor de la aurora sino también por el miedo residual, postdata que memorizaba obstinadamente su instinto de conservación. Hecho un ovillo, más que dormir retornó a una insensibilidad preservativa.

Sin saber cuánto tiempo había permanecido bajo la ducha de sol que lo limpiaba de las últimas virutas de terror, recogió lo más indispensable y se puso en marcha, remontando la escarpada cuesta para llegar al mismo camino del día anterior.

Tentado estuvo de regresar a la población donde había comprado gasolina a solicitar ayuda; sin embargo optó por la posibilidad de encontrar otra menos distante y se alejó caminando resueltamente.

La carretera, que parecía abandonada desde hacía mucho tiempo por los *tala-bosques*, serpeaba bajo un dosel de coníferas cuyas ramas arrojaban de cuando en cuando alguna de sus piñas para distraerlo del dolor de su pierna. Caminaba indiferente a la molienda de luz con la que el bosque esculpía infinidad de columnas relucientes, y cuando todas ellas se erguían verticales se detuvo para mitigar la fatiga y el hambre. Después, a poco andar, la angosta brecha se bifurcó en senderos.

El sendero que eligió desaparecía a menudo sepultado bajo extensos túmulos de hojarasca; entonces se distraía con apuestas imaginarias, las que ganaba o perdía según si acertaba o no a encontrar el camino. Pero la diversión solía degenerar en ofuscamiento, en una terquedad inconsciente que lo impelía hacia el rumbo de las emboscadas. Y sonaba la alarma, pero él se aferraba:

- ¿Regresar?: ¡Ni soñarlo!

- Estás a tiempo –sonaba de nuevo la alarma.

- Todos los caminos conducen a algún lugar –replicaba.

- A las veredas, como a los muebles sin usar, alguien las cubre con una sábana –insistió, malversando persuasión.

Recobrada la serenidad, el mundo le mostraba de nuevo sus puntos cardinales y continuaba, sintiéndose seguro, con la certidumbre complementaria de creer que poseía el antídoto contra las Cihuateteo.

Aunque sin darse cuenta, iba zigzagueando entre un desordenado e intacto ejército vegetal que, más adelante, fue enrareciéndose hasta degenerar en pajonales, entre los que la vereda dejó de jugarle bromas. En algunos puntos, la extensa pradera exhibía manchones, como si los rebaños hubieran triscado ahí preferentemente. No obstante, mirara a donde mirase, ni el menor indicio de alguna aldea y, como el sol declinaba con sospechoso apremio, el miedo le dio artera estocada con tal sospecha.

Mientras a sus espaldas se iban diluyendo los trinos de los cenzontles en el rumor de los pinos, al frente un canto acuático lo exhortaba a ponerle alas a sus pies. Entre el dolor de su pierna y la sed, dominó ésta y, casi rodando, bajó la suave pendiente. De repente, la sed quedó en el sótano de su atención. En la ribera opuesta del arroyo pedregoso, una choza en ruinas le pareció más acogedora que un hotel de cinco estrellas. Rápidamente se quitó las botas y se metió en la corriente con el propósito de cruzarla e investigar el interior de la choza; sin embargo, como la frescura se le propagó desde sus pies al resto de su cuerpo, se dejó seducir por el promisorio placer de la zambullida.

¿Qué más podía desear? Por lo pronto, ahí, a unos metros, lo esperaba un flamante chalet –pensó con fatigado humorismo– y, siempre optimista, dio por descontado que al día siguiente encontraría alguna población, de la cual la choza era una avanzada.

Se quitó la braga mojada, se vistió y se acercó a la choza: ningún indicio de sus habitantes. Dejó su mochila y, con la claridad postrera de la tarde, exploró los alrededores. El camino interrumpido por el arroyuelo continuaba a pocos pasos después de la choza.

Ya de regreso, observó que la techumbre era de tejamanil y, como se conservaba casi ilesa, descombró sumariamente el rincón que mejor lo resguardaba del viento. Ni siquiera se le ocurrió hacer fuego; no tenía con qué, ni faltaba; en cambio, le sobraban el cansancio y el sueño. Se envolvió en la frazada y se dispuso a dormir… sin lograrlo.

La noche se había inaugurado rumorosa, lúgubre, sin espacio para el silencio. Amplificados por la fiebre, los ruidos eran como descargas eléctricas que se propagaban a sus apretadas mandíbulas, ya de por sí empeñadas en morder el dolor de su pierna.

No era posible una noche más lóbrega, repleta de murmullos siniestros, a veces salmodiados, tan desesperantemente prolongados que a Thomas se le olvidaba respirar. Y descollando en ese mar de sonoridades sobrecogedoras el inconfundible vocerío de las Cihuateteo, a veces suplicante, a veces amenazador, aunque inocuo, puesto que un hombre dormido dentro de una casa, era para ellas como un niño dentro del vientre materno.

Con el rostro vuelto hacia la derruida pared de tablas, Thomas se engañaba con la ilusión de abordar un sueño sin escalas que lo alejara del dolor. Pero hasta que un mendrugo de luna irrumpió tramontando la media noche, el bosque se recogió en sí mismo. Una paz y un silencio tan sublimes como jamás los imaginara lo redimieron del sufrimiento al transformar su sueño fragmentario en sopor anestésico.

La sed lo obligó a madrugar. Aunque sintiéndose muy débil no se detuvo a desayunar, persuadido como estaba de que la cabaña ruinosa que se iba quedando en la retaguardia era el heraldo de una aldea cercana.

A medida que se internaba en la espesura, un desasosiego aparentemente irracional lo fue minando. Se detenía, miraba en redondo y, aunque nada descubría, el recelo de ser observado a mansalva le inoculaba un alerta desgastante, infructuoso, salvo cuando el espectáculo de las mariposas monarca lo alegraba con la complicada coreografía de sus danzas aéreas.

Al mediar la tarde se desplomó sobre un montón de hojarasca con el propósito de dormir un par de horas; pero la fiebre lo mantuvo en la prisión del sueño hasta el amanecer.

De nuevo la sed fue su despertador. Al abrir los ojos se percató, alarmado, de que había permanecido ahí más de doce horas ¿Cómo había sobrevivido habiendo pasado la noche a merced de las Cihuateteo? La respuesta de esta pregunta era un enigma, enigma cuya clave se encontraba encima de él. Mientras dormía, alguien lo había protegido con un cobertizo de acahuales; por consiguiente, no habían sido infundados sus sobresaltos. La primera explicación que le concedió a este episodio fue que esa persona había sido tan considerada que lo quiso proteger sin despertarlo, de modo que terminada su labor siguió su camino, pues no se imaginó que estuviera enfermo.

"Pero ¿por qué no me despertó? Hubiera sido más provechoso para ambos que me condujera a su población, pues no me hubiera mostrado tacaño al recompensarlo". Su mente no se cansaba de inventar conjeturas, algunas extravagantes, como la de que en estado de sonambulismo había por sí mismo construido el chamizo. Finalmente, insatisfecho de todas, inició la jornada congratulándose de su buena suerte y de los buenos sentimientos que, sin duda, movían al tímido duende.

Sin embargo, algo no encajaba.

- En estos tiempos nadie se oculta para hacerte un favor – murmuró entre dientes.

Pese a sus dudas, el paliativo de sentirse protegido atemperó su desazón; pero la pierna herida comenzó arrancarle un gemido a cada paso. Se quejaba *sotto voce*, como si debutara. ¿Por qué no soltarles la rienda al dolor y la rabia?; al fin y al cabo la soledad de estos bosques era sumamente discreta, no iría con el chisme a la soledad de los bosques de su país. Y ¿si alguien estuviera escuchando aquí?... ¡Razón de más!

Gritó y gritó, y después de gritar durante un buen número de pasos paró en seco. Algo o alguien se había movido para luego agazaparse detrás de las ralas espigas de las gramíneas del calvero a su derecha, como si huyera hacia la zona arbolada más próxima.

- Sin duda, se trata de un conejo –pronosticó su escepticismo.

- No. Con toda seguridad es una mujer –declaró su irreductible optimismo.

Con olímpico desprecio hacia su progresiva cojera se dejó remolcar por la urgencia de sentirse acompañado y abandonó el sendero para internarse en un paraje donde el bosque y la maleza le obstruyeron con sádica terquedad el paso.

Sustituyó la vara con la que se abría camino a zurriagazos por algo más rígido en qué apoyarse. Para tal fin su navaja de *scout* le demostró una vez más su eficacia, mientras él, desencantado a medias, pensaba en que si bien los poblados parecían escondérsele, no así la ruta de las mariposas monarca, ahora también su ruta, único medio de que disponía para guiarse después de haber abandonado la terrestre, al internarse osadamente en el breñal en busca de una quimera. No le cupo duda de que se hallaba, no en las manos, sino en las alas de las mariposas. Esto –se dijo- no es ninguna novedad.

Desde que se había propuesto ganar el concurso de esta investigación su destino dependió de ellas. El éxito de esta investigación le permitiría el acceso a la maestría y al doctorado, lo cual significaba ampliar sus posibilidades, tanto en su propio país como en los países extranjeros de vanguardia, para aportar alternativas de recursos alimenticios inexplotados aún, como los que comenzaban a definirse a partir de las investigaciones efectuadas por biólogos marinos entre la fauna de las costas del océano Atlántico de Canadá. Descubrir de qué se alimentan, qué líquidos beben, cómo es el aire que respiran, quienes son sus depredadores...

En el caso de las mariposas monarca, era de sobra conocido que sólo algún pájaro ignorante de los trastornos que le produciría su toxicidad se atrevería a devorar una, pero sólo una, pues quedaría escarmentado. El interés de esta investigación no radicaba, entonces, en la mariposa como alimento, sino en descubrir las fuentes de la asombrosa energía acumulada en la pequeña cápsula de su cuerpo, energía suficiente para realizar el vastísimo periplo migratorio. ¿Qué importancia tenía el contratiempo del accidente con su secuela de molestias, comparada con la del renombre y, ¿por qué no?, con la de los beneficios económicos que obtendría?

Hubiera continuado fantaseando, pero el temor a que la noche, inadvertidamente confundida con la penumbra que los árboles mantenían bajo su tutela, lo sorprendiera prefirió anticipársele poniendo manos la obra a la construcción de un cobertizo.

No tan extenuado por el cansancio (había hecho dos pausas antes de confeccionar su bastón), la fiebre y el dolor de la pierna le improvisaron un infierno del que, como era de esperarse, medraron sus obstinados verdugos: Las Cihuateteo. En el duermevela del delirio sintió que una de ellas, aunque sin allanar el espacio prohibido, se había acostado en el lindero, muy cerca de él. En su rostro de espesas sombras identificó los rasgos de una de las meseras y esta semejanza lo mantuvo petrificado hasta el orto lunar.

Creyó que soñaba con deliciosas humedades en su boca; también con una diadema fresca, dulcemente opresora. Quiso abrir los ojos, siquiera una rendija: ¡Imposible! Sus párpados le pesaron tanto como si en ellos se hubieran quedado echadas todas las ovejas que había estado contando para dormir. Cuando al fin logró abrirlos, la difusa visión de una mujer ya se confundía con el celaje.

Esa imagen, aunque fugaz, era la corroboración de que una mujer le prodigaba a muy temprana hora sus cuidados. Pensó que no había hecho el esfuerzo necesario para verla cuando se encontraba junto a él. Para desahogar su frustración echó abajo el cobertizo de una fuerte patada y después se alejó cojeando.

Aquel vigor del que se sentía dueño cuando inició el viaje en Canadá, al que calificaba como de gran envergadura, ahora se hallaba reducido a la mísera condición de escuálidos hilillos de los que él pendía como un títere. Ganas no le faltaban para desembarazarse de la mochila, pero ahí llevaba la ropa limpia que usaría de un momento a otro. Estaba convencido de que en cualquier momento vería la población donde vivía la muchacha que lo guiaba dejándole señales a la vista: hojas secas amontonadas, ramilletes de poleo atorados de la corteza de un oyamel, más adelante un matorral tronchado, después una vara clavada en un cúmulo de piñas. Si bien le hubiera complacido más la guía de su propia persona, reconocía que sin el auxilio providencial de esa huraña criatura hubiera sido como un ciego en el intrincado laberinto vegetal, agotadas sus provisiones, atormentado por el dolor, la fiebre y, sobre todo, por una fatiga descomunal.

De lo único que no se había cansado era de reprocharse su falta de previsión y su desmedida suficiencia. Había rechazado el recurso de un asistente que el Instituto le asignaba, sólo porque se consideró incapaz de tolerar la compañía de tiempo completo de un hombre. Claro que podía haber optado por una mujer, pero ¿qué hubiera podido esperarse de ella si por convivir una semana con otras se había visto en figurillas para persuadirlas de que no habían adquirido la exclusividad? Por su parte, los amigos atribuyeron esta renuncia a una doble ambición: la de percibir ambos sueldos y la del prestigio exclusivo. Propalaron ese infundio y otros por el estilo y alcanzaron tan amplia cobertura que hasta sus padres se enteraron de que él había tomado esa decisión para cerrarle el paso a la más sobresaliente de las jóvenes biólogas, a pesar de que ésta, por favorecerlo, no sólo se había abstenido de participar en el concurso sino que, además, lo había asesorado asiduamente asegurándole el triunfo.

Su madre, que de tarde en tarde lo exhortaba a "sentar cabeza", aprovechó el chisme para advertirle agorera:

- Cuando menos lo esperes te encontrarás a quien posee la hebra que te atará a su pretina.

A lo que su madre le daba el nombre de "hebra" para él no era otra cosa que "lazo", el aterrador lazo de la horca, demasiado estrecho para que pudiera pasar por él su cabeza, a menos que su cerebro se le secase.

Considerando que su fastidio por verse metido en esos chismes junto con la insistencia materna constituían una mezcla altamente explosiva optó por la sigilosa huida. No deseaba enemistarse con ella en vísperas de una ausencia sin plazo, por algo tan insustancial como la sugerencia de que aceptara asistente y esposa en un solo paquete.

Sin embargo, a su madre le quedaba todavía un proyectil y se lo disparó:

- ¡Tanto andas de aquí para allá y de abajo hacia arriba que caerás en la boñiga!

- Quizá debí hacerle caso —pensó; pero como si ese pensamiento fuera una víbora lo brincó sin titubear.

- ¡Qué fácil! —Murmuró-; ¿y luego?... Hubiera resultado tan insoportable como la caterva de las Cihuateteo.

Un sobresalto cortó de tajo sus reflexiones al darse cuenta de que hacía rato se hallaba caminando sin que apareciera señal alguna. Se detuvo; recuperó gradualmente la calma y, sin mucho pensarlo hincó una estaca con la idea de caminar al azar unos cien metros y si no encontraba algún indicio recogería sus pasos; luego, procedería del mismo modo en otra dirección. La primera tentativa resultó infructuosa. El fracaso de la segunda le acrecentó la rabia de la búsqueda. Aventuró otro tanteo, y otro, y cada vez le pesaba más la ropa sobre su cuerpo, empapada de su copiosa transpiración. Finalmente encontró la anhelada señal: un pequeño tapete de alas de mariposa. Como demente gritaba sin quitar la vista de él "¡Gracias... gracias... gracias!", y giraba sobre sí mismo con la intención de que lo escuchara su invisible lazarillo. Cuando ya no tuvo voz se derrumbó, exhausto, sobre el tapetillo esclerósico.

Con el retorno de su optimismo volvió también su aplomo y pensó que después de todo, la decisión de rechazar el asistente había sido acertada: alguien velaba por él, alguien a quien jamás podría pagarle ni siquiera con una sonrisa, ya que no estaba al alcance de su gratitud.

- ¿Será la gratitud esa hebra con la que, según mi madre, me atará una mujer? –Rumiando este enigma perdió la noción del tiempo, pero también el rumbo.

- Bueno... ¡qué más da! –murmuró resignado, pues ya no le quedaba fuerza ni para enfurecerse- A fin de cuentas ya es tarde para seguir caminando.

Se aproximaba a una loma acamellada en cuya cima había encinos estrafalariamente ataviados con hilachos parduscos. Ascendió arrastrando los pies, y cuando elegía el sitio más apropósito para levantar el palio protector que cubriría con las bromelias colgantes de los encinos, divisó a lo lejos una cabaña. El cobertizo, las bromelias, los encinos, sufrieron injusta defenestración.

Abandonó la cima dando traspiés, ebrio por tantas esperanzas que había sorbido de golpe en un suspiro. En los linderos del predio cultivado al final del descenso, tomó aliento sin dejar de contemplar la maravillosa visión a su alcance con sólo ascender la suave pendiente de la loma.

Repentinamente se vio envuelto por un torbellino que, más que marearlo su vertiginosa rotación, le taladraba los oídos con un vocerío ensordecedor.

- ¡Cihuateteo… Cihuateteo! –gimió, derrotado, y se desplomó rodando por la pendiente que había comenzado a subir.

En la cabaña, una muchacha cuyos ojos parecían ascuas lo había estado mirando desde la ventana.

Resuelta, pero sin apresurarse, dejó sobre la cama el pequeño trozo de madera que estaba tallando y salió del cuarto. Al pasar frente a la cocina escuchó:

- Oye Otilia, ve a traerme un poco de leña. No sé qué piensan estos frijoles que no acaban de cocerse y ya parece que oigo los pasos de tu papá y tus hermanos.

- Sí mamá –contestó, deteniéndose lo indispensable.

La puerta de la cabaña se ubicaba en el lado opuesto a la fachada que había sido vista por Thomas, pues en esa dirección seguía el sendero hacia la aldea más cercana, de la cual formaba parte aunque se hallara aislada de ella. Otilia no caminó por ese sendero sino por otro que, también a partir de la puerta, rodeaba la cabaña aparejado al seto de retamas, luego descendía la ladera y desembocaba en la milpa.

Aunque las voces de sus hermanos y su padre eran algo más que un rumor lejano, no corrió a su encuentro para recibir el cotidiano regalo de su padre, sino que continuó caminando despreocupadamente.

Antes que atender el encargo de su madre quiso cerciorarse:

- ¡Qué raro! –Sorprendida de no encontrarlo por ese lado se internó en la milpa, que a esa hora lo contagiaba todo con el destello agreste de sus hojas.

Lo mismo que la milpa, la cabellera de Otilia lanzaba destellos broncíneos. Saltaba de surco en surco con una gracia infantil que le venía rabona a su cuerpo de mujer. Ya no era simple curiosidad sino punzante desazón el que la había insensibilizado del escozor del breñal.

- ¡Ah, ya sé!

No era presentimiento sino certidumbre. Por eso, sin titubear, salió al borde del sembradío. En efecto: ahí estaba. Se acuclilló a su lado, lo zarandeó por los hombros, primero delicadamente y luego sin miramiento alguno. De repente se puso de pie, lo miró y lo remiró con la irresolución picándole bajo las trenzas, hasta que no pudo más:

- ¡Papá... Mamá! –gritó sin darse cuenta de que gritaba con furia-: Un hombre muerto, un hombre muerto.

Capítulo II

- Aurelio... ¡Despierta! ¿Cómo pasó la noche el fuereño? –
Cada palabra de Elodia llegaba como en un sobre cerrado a los
oídos del hombre que se refocilaba en su elasticidad felina.

Afuera, la noche había comenzado a recoger su velo
neblinoso, mientras que en el interior del cuarto la cortinilla de
la ventana era un vitral ilusorio cuyos colores se entremezclaban
perezosamente.

Elodia se sentó en el marco de la cama desdeñando el
espacio que su esposo había despejado al voltearse de costado
hacia ella.

- Acuéstate... ¡anda!... Ven acá –en el movimiento súbito de
la frazada había una promesa de macho cumplidor, más que una
inocente petición; pero Elodia, resistiéndose, señaló hacia la cama
de Thomas para justificar sus remilgos.

- Ya va a amanecer –susurró en la oreja de Aurelio, y dejando
caer con lentitud las palabras agregó- ¡Pobre muchacho!, se veía
tan amolado que daba lástima.

- No te mortifiques por eso. Lo que tiene es la puritita
debilidad por causa de la calentura; y, de ribete, quién sabe desde
cuando no ha probado bocado. Ve, si no, qué trasijado está; pero
al ratito, no más que coma, va a lucir como nuevo.

- Pues ojalá no sea más que eso, Aurelio –comentó
dubitativamente Elodia- ¿Y no despertó en toda la noche?

- Como despertar... despertar, ni una sola vez. Por eso te
digo: se estaba muriendo, pero de cansancio.

- ¿Y esa pierna?; si no más de verla da grima... ¿No se nos irá a morir aquí, tú?

- Qué ocurrencia... ¿Quién pela gallo por quedar rengo? Mira: en lugar de que estés con esos embelecos, acuéstate un ratito aquí, conmigo.

La deseaba con la impaciencia de quien espera un retorno marcado en el calendario; como si la noche anterior hubiera sido no un racimo de horas sino una de esas ausencias no anunciadas que enferman de gigantismo a los minutos. Le extrañó encontrarse en el cuarto de Otilia, pero recordó que había tenido que dormir ahí porque cuando llevaron al fuereño a la cabaña nadie había decidido en dónde lo alojarían y Otilia fue la primera en proponer e insistir que lo acostaran en su cama. Si hubiera previsto que no recobraría plenamente la conciencia durante la noche, lo habría alojado en donde Oscar y Hugo le hicieran compañía. Consideró conveniente quedarse de guardia esa noche no tanto porque no le quedara otra sino para averiguar a qué clase de bicho habían dado albergue. Para lograr esto, era necesario que recuperara el sentido. Probó con lienzos húmedos en la frente, después con alcohol alcanforado y, como último recurso contra el empedernido desvanecimiento le introdujeron –Elodia y él- tapones de Ruda macerada en la nariz, cuya ineficacia se puso de manifiesto ya muy tarde, tanto por lo avanzado de la hora como porque los tres hijos se encontraban con seguridad en el quinto sueño. Así pues, resignado, se echó sobre el catre que había instalado, poniendo al alcance de su mano la cajita de cerillos y el cacharro del té.

Tardó en dormirse, como siempre que se acostaba hambriento. Y en verdad tenía hambre, pero de su mujer, hambre que, quizá por ser la primera e inesperada separación de lechos, era la más feroz de las que había padecido. En catorce años de vida conyugal, jamás una pizca de hastío le había hurtado sabor al compromiso, ni alegría a la única de sus obligaciones que, lejos de ser onerosa como las otras que a diario embotaban su cuerpo, lo aligeraba con las alas de sus perfumes y sus gemidos.

Por su parte, Elodia disfrutaba con disimulo del placer sexual, sin rechazarlo nunca, mas nunca tomando la iniciativa:

no era su papel. "La mujer –le había enseñado su madre- no debe ser ofrecida"- Añoraba, no obstante, algo más intenso. Y la nostalgia de lo ignorado, el desaliento de lo que pudo ser, había enjambrado paulatinamente las burbujas de un vacío que la estaba devorando por dentro. Un mordisco de ese vacío fue la indiferencia impresa en sus palabras:

- Pues yo pasé muy mala noche con el pendiente de que este pobre no amaneciera –insistió, ignorando las caricias de su esposo- Cuatro o cinco veces vine a ver qué novedades había, y por más que te miraba durmiendo a pierna suelta, tan quitado de la pena, yo no conseguía pegar un ojo.

- ¡Ah, qué caray! –dijo Aurelio reteniendo las manos de su mujer- pues no te sentí; en cambio sus pesadillas sí me despertaron dos veces. Entonces le daba la valeriana.

- ¿No se ponía remilgoso?

- ¡Qué va!, si el pobre hasta me sobaba y me sobaba la mano cuando se la daba en la boca. Por cierto que al dejar caer la mano tiró la veladora de la mesita y, para colmo, no encontraba la caja de cerillos para volver a prenderla.

Elodia se había puesto de pie y ya descorría la cortinilla de la ventana. La claridad dispersa en las borlas neblinosas aplicó su maquillaje acromático en el rostro de Thomas.

- ¡Ay, Aurelio!, yo lo veo tan desmejorado que hasta parece difunto. ¿Por casualidad no tiene alguna otra avería que pudiera ser de gravedad?

- Sí, una que otra – contestó despreocupadamente-; pero a mi ver, sólo de la pierna hay que temer lo peor. Para mí que sufrió un percance. Oye: antes de dormirme estuve pensando que a lo mejor éste fue el que se volcó… Porque según donde lo hallamos, venía de por el rumbo de Tizatal, ¿verdad?… Bueno, pues por Tizatal pasó un coche que al día siguiente encontraron desbarrancado, pero ¡ni rastros del individuo que lo manejaba! -Atrapado en una duda, Aurelio calló un momento- Lo que me destantea es que todo eso lo supe la semana pasada cuando fui a Yoricostio a vender la miel. Pero Tizatal no está muy lejos de aquí… No, no puede ser él. ¡Ni que se hubiera venido de rodillas!

- ¿Y si todos esos días anduvo desbalagado? –sugirió Elodia.

- Puede ser; no digo que no –admitió a medias, para agregar sordamente- Con tal que no vaya a resultarnos otro licenciadito... ¿Te acuerdas? Al igual que éste, cuando lo encontramos se hallaba más para allá que para acá.

Sólo porque lo había nombrado lo recordó Elodia, si recuerdo pudiera ser ese esbozo del color de un olvido intencional. Tenía por costumbre dejar morir sus recuerdos; a algunos de inanición, a otros por el perseverante desgaste. No siempre sucumbían sin resistirse, en especial los que derivaban de acontecimientos que la afectaban hondamente; de ahí que la imagen del licenciadito –esta palabra la formuló su mente con el enfático desdén con que la pronunciara Aurelio- surgiera pálida, difusa, mientras que ciertos acontecimientos relacionados con él emergieran de los años de abandono sin el menor grumo de moho.

Numerosos párrafos de esa historia los encontró ilegibles, sin que por ello se acongojara, pues siendo su interés manco, nunca empuñaría el azadón para escarbar en su memoria. No, no hurgaría en el pasado; porque ¿qué más podían ser los recuerdos sino la historia personal, la historia que cada quien solía leer en la soledad, sin compartirla con nadie, como si fuese obscena; aunque, como la de ella, sólo fuera deprimente? Una historia así, ¡preferible borrarla!

Si la presencia de este rubio fuereño le hubiera evocado a otra persona se habría abstenido de comentarlo; y no era el caso. De hecho, no encontraba semejanza, circunstancial o física, entre éste y el Licenciado a quien Aurelio seguía aborreciendo con encono limpio –como sus recuerdos- de la herrumbre de los años. Por eso le sugirió dulcemente, con la esperanza de regresarlo al presente:

- De todos modos, ¿no crees que haríamos bien en dar parte al Curandero?

Tras arrojar a un lado la cobija, Aurelio fue cubriendo sus desnudeces con un abandono contrastante con la agitación de sus pensamientos. Se movía con desgano y su lentitud se propagó a sus palabras:

- Sí, esa sería una salida. Otra, no meternos en entresijos y volverlo ojo de hormiga.

"¡Qué ocurrencia!", pensó Elodia, perpleja por lo insólito de la proposición; no porque la juzgara cruel, ya que ella también era recelosa por instinto. No obstante, tanto a sus recelos como a la memoria rencorosa de Aurelio los había neutralizado el aturdimiento. ¿Volver a dejarlo allá?... ¿Y qué le diríamos a Otilia? –concluyó para sus adentros, con una mirada de incredulidad que su marido advirtió.

- ¡Ni creas que me chanceo! –Exclamó con aspereza -Porque mira: Si hubiéramos dejado que los zopilotes se hartaran con los pellejos del licenciadito aquél, Rosendo no le hubiera dado tantos quebraderos de cabeza al Curandero. Bueno, pues ahora estamos a tiempo de "tapar el pozo" antes de que el niño se ahogue, ¿no crees?

- "¡Hújule!: Ahora sí que Pedro la hizo y Juan la paga" – Pensó Elodia sintiéndose culpable de haberle provocado tan brusco cambio de humor a su marido-. "A lo mejor se puso de malas porque no le hice hoja ni aja... ¡Ya ni modo!"

Pero la ira de Aurelio poco le debía a sus fallidas insinuaciones eróticas y sí mucho al mutismo con el que taimadamente su mujer lo descalificaba. Ella, tan pródiga en comprensión, se la escatimaba justamente cuando hubiera jurado que se apresuraría a decirle: Sí, sí: tienes razón. Echémoslo a rodar cuesta abajo. Si se muere, pues que se muera y que le haga buen provecho a los zopilotes. Naturalmente, él suprimiría el riesgo de que los zopilotes le avisaran al Curandero, como lo hicieron diecisiete años atrás, cuando estaban a un paso de hacer del Licenciado su banquete.

Sí, los zopilotes fueron los culpables. El Curandero había captado las señales humeantes de su vuelo y allá se dirigieron Aurelio y Policarpo a quitárselos de encima al moribundo Licenciado. Recordó que Policarpo, al descubrirlo, le dijo: Este fulano ya entregó la zalea. Mejor lo enterramos aquí mismo.

Otras eran las órdenes del Curandero y Aurelio las acató con su habitual sumisión. Rápidamente confeccionaron parihuelas y cuando lo colocaron en ellas poco faltó para que sus brazos se le desprendieran de cuajo. Era, pues, necesario trasladarlo a la aldea con mucho tiento a fin de que llegara a manos del Curandero, si no vivo, al menos completo.

Brebajes y cataplasmas, frotamientos, tisanas y hasta algunos sahumerios fueron durante meses enteros la base del tratamiento intensivo. La paciencia y perseverancia que como ayudante de su padre había estrenado Rosendo, en el Curandero se manifestaban dulcemente en cada una de las sesiones de curación, por no decir de restauración o remiendo, al final de las cuales lo enrollaban tan por completo en vendajes que Aurelio solía comentar: Sólo falta el sarcófago donde meter la momia.

¿Quién era ese mestizo de rala cabellera, casi calvo, y por qué el Curandero y su hijo se desvivían en sanarlo? Aurelio carecía de una contestación para la gente de la aldea, pero jamás se hubiera atrevido a interrogar, a su vez, al Curandero. Sería Rosendo quien le expusiera las razones.

Todos los indicios: el sitio donde fue encontrado, su vestimenta, su complexión fofa, daban lugar a suponer que se trataba de un burócrata, quizá él era el investigador al cual esperaban desde hacía varias semanas, y creyeron que finalmente había llegado con la misión de certificar sobre el estado en que la empresa constructora les había entregado las viviendas que el Gobierno había ordenado construir para ellos en la nueva ubicación de la aldea. De ser así, y si el presunto investigador moría, los agentes gubernamentales atribuirían a su muerte, no causas accidentales sino como una forma de enfatizar su inconformidad, una inconformidad que infructuosamente tomó la forma de resistencia a desalojar las tierras de las que por muchos años se sentían dueños.

Cuando "La momia" superó el estado de coma, Rosendo hizo de Aurelio su instrumento para corroborar o desmentir aquella hipótesis. Por su condición de aprendiz de Curandero, Rosendo no debía exponerse interrogando a personas extrañas, menos aún a los mestizos, quienes de por sí tenían la manía de creerse confesores de los indígenas.

Si para cualquier petición de Rosendo Aurelio se hallaba siempre bien dispuesto, en esta ocasión más porque la incertidumbre lo atenazaba con igual violencia que a quien consideraba su hermano. La coyuntura favorable para llevar a cabo sus oficios de fiscalizador sobrevino cuando el Curandero y su hijo le retiraron al enfermo los últimos vendajes. Dominando sus temores, Aurelio no dejó escapar esta oportunidad de presenciar este acontecimiento y, para su sorpresa, en la mirada del Curandero vislumbró una aprobación que armonizaba sospechosamente con la sonrisa de gozosa complicidad de Rosendo.

En efecto, era un burócrata; mas no quien el Curandero supuso, sino un Licenciado. Según dijo, lo habían comisionado las autoridades forestales para investigar las causas de la intensa deforestación en la región. Sus pesquisas lo condujeron a una de tantas madererías, en la que le informaron acerca de cierto aserradero clandestino remontado en la serranía.

- Si usted gusta –le propuso uno de los dos trabajadores informantes-, mañana, tempranito, lo llevamos allá. No más nos paga el día.

Acordaron el jornal y, al día siguiente, ya muy internados en el bosque, uno de ellos se le plantó en frente y le dijo:

- ¿Sabes lo que les pasa a los entrometidos?

Demasiado tarde había descubierto quienes eran en realidad sus guías. Escapar era imposible; vencerlos, milagroso. En vano intentaba esquivar los puñetazos. Lo golpearon tan despiadadamente que en la primera tanda su cuerpo midió el terreno repetidas veces. En el umbral de la inconsciencia percibió cómo lo levantaban suspendiéndolo de las cuatro extremidades y, balanceándolo al ritmo de sus carcajadas, lo arrojaban al abismo.

Ahora, un miedo mucho peor que el de aquel día hubiera pasado inadvertido al amparo de la máscara de la convalecencia, si no lo hubiera delatado la voz, polvorienta, vacilante e ininteligible a tal punto, que se vio precisado a silabear la petición que había formulado. Rogaba que se mantuviera en la mayor reserva su paradero, de lo contrario podría suceder que el día menos pensado alguien viniera a rematarlo.

El hecho de que para continuar con su restablecimiento eran innecesarios los vendajes, redundó en la recuperación de la movilidad de sus miembros; pero esta mejoría, aunque sostenida, a menudo sufría los descalabros de las crisis diabéticas, cuya frecuencia y severidad, atendidas por el Curandero, cedieron más adelante, merced a un complicado brebaje de ortiga, o bien de acebo con diente de león, arándano, bauhinia, entre los ingredientes básicos, siempre con polvillo de chepiritos deshidratados.

Eran ya muy esporádicos los periodos de reposo diurno del Licenciado. De caminar en el vasto patio cuadrangular de la casa del Curandero, sus correrías abarcaron sus inmediaciones y, más tarde, siempre acompañado de Rosendo, al resto de la aldea y sus alrededores. Sin embargo, más parecía decidido a echar raíces que a ahuecar el ala: ésta era la apreciación de Aurelio, persuadido de que la diabetes se había convertido en mero pretexto, un pretexto previsiblemente tan duradero como nefasto por su malsana influencia sobre Rosendo, de cuya mudanza todos se lamentaban. A nadie le calaba más en el corazón que a Rosendo, porque habiendo sido mancuerna desde la infancia sentía que esa amistad se iba diluyendo como gota de sangre en el agua, y porque preveía con dolorosa impotencia su total extinción si prolongaba su convivencia con aquél que lo corrompía con dinero fácil que, a título de remuneración por servirle de correo, le daba semana a semana. Las cartas que entregaba al hermano del Licenciado en Yoricostio surtían efectos de cheque al portador. Rosendo podía disponer del dinero a su entero capricho después de haber satisfecho los encargos del Licenciado que, por lo común, se reducían a cigarrillos, artículos para el aseo personal y bagatelas de poca monta.

Entrenado por su padre en el arte de conservar en secreto ciertos conocimientos, Rosendo no traicionó la confianza que en él había depositado el Licenciado; pero aunque a nadie en la aldea le dijo que el hermano de éste era el propietario del aserradero más boyante de la comarca, Aurelio lo había adivinado desde la primera carta que fueron a entregarle. Tragándose la repulsa que le inspiraban los asesinos de los bosques –quizá asesinos de su padre-, Aurelio continuó acompañando a su amigo.

Pero cuando Rosendo fue cambiando hasta en su manera de vestir; cuando con imponderable arrogancia dio en llamarlo "pinche indio de mierda"; cuando opinaba que todos en la aldea no eran más que una "bola de desarrapados", Aurelio había sonreído en silencio, pensando que sólo bromeaba. Después dejó de sonreír y, finalmente, algo en su interior lo indujo a poner coto a esas humillaciones, y decidió no acompañarlo en lo sucesivo. Pero Rosendo se le anticipó: no volvió a invitarlo. Esa había de ser la última ocasión en que, sin ponerse de acuerdo, los dos amigos coincidieran. A partir de entonces, su comunicación se redujo al mutuo escupitajo del saludo forzado, ya fuera en los colmenares, en la casa del Curandero o cuando se reunían con los otros muchachos en el atrio abandonado. Fue en este lugar donde la gota derramó el vaso. Rosendo, que había estado embriagándose mientras los demás pateaban la pelota, en el descanso del partido se encontró rodeado de algunos de los jugadores, quienes, a juzgar por sus frecuentes carcajadas, sin duda se divertían mucho a expensas de lo que él decía. De pronto, en medio de la alharaca, sobresalió su voz:

– … ella siempre me dio entrada, pero no quise volarle la novia a un cuate… Eso, cuando era mi cuate; ahora, como la cosa cambió…

Ninguno había sacado la cara por Rosendo; por el contrario, a Aurelio le dio la impresión de que esa tarde muchos puños habían golpeado a Rosendo por mediación de los suyos.

Al día siguiente, como siempre que iba a Yoricostio, Rosendo madrugó. En cuanto se hubo marchado, el Curandero se encaminó al cuarto del Licenciado a practicarle uno de los reconocimientos periódicos. Esta vez, en lugar de la tisana habitual, le dio a beber otra que lo pondría en estado de hipnosis. Consumido el bebedizo, el Curandero hizo entrar a Aurelio, cerró la puerta, y en la penumbra de la habitación fluyó su voz amable y pausada:

– Ayer, Aurelio le dio su merecido a Rosendo porque en sus fanfarronadas se pasó de hocicón al hablar de Elodia; pero mi hijo, en lugar de portarse como hombrecito, vino corriendo y sacó una pistola de aquí, de este cuarto. Quiero que me des cuenta y razón de todo. Para empezar dime quién eres.

El presunto Licenciado resultó ser un funcionario de pacotilla que en contubernio con su jefe tramitaba concesiones para la explotación maderera. Prudente y ahorrativo, en breve había amasado una pequeña fortuna al vender esos permisos al mejor postor. Más tarde, había optado por ejercerlos en su provecho; pero el competir con quienes habían sido sus clientes lo expuso al chantaje de uno de ellos que, bajo amenazas, lo obligó a continuar con el tráfico de documentos. La extorsión lo sublevaba y los beneficios que se le iban de las manos lo ponían frenético. Por fin, a sabiendas de que se la estaba jugando, se negó terminantemente. Su cliente, cumpliendo sus amenazas, contrató a los sicarios que lo habían dejado por muerto. Ya a salvo, en el sopor de su conciencia vacilante aún, la angustia había neutralizado la alegría de sentirse vivo; lo torturaba con el morboso presentimiento de que tarde o temprano sus enemigos llegarían a rematarlo en la aldea. En la medida que fue conquistando la voluntad de Rosendo, esos temores fueron perdiendo virulencia; ahora, en vísperas de su partida, se habían esfumado por entero al saber que Rosendo había aceptado irse con él. Sin la censura de la falsa modestia declaró que era él el dueño del aserradero y, por lo tanto, poseía dinero suficiente para establecerse en la ciudad de México. Por último, aclaró que la pistola había sido un antojo de Rosendo, antojo muy conveniente para sus planes de convertirlo en su guardaespaldas.

Como si el confesar lo hubiera extenuado, se derrumbó sobre la cama pesadamente.

El Curandero y Aurelio se sentaron fuera del cuarto, en la banca que se hallaba en el corredor, y estuvieron comentado largo rato sobre lo que habían escuchado. El Curandero dudaba de que Rosendo se fuera con el licenciado, sin descartar la posibilidad, y buscaba la manera de obstaculizar ese designio.

Poco después, mientras Rosendo regresaba de Yoricostio, Aurelio y el Curandero iban por otro camino escoltando al "Licenciado", quien abordaría el autobús en Tizatal.

- ¡Pobre del Curandero! –Comentaba Aurelio algunos días después, durante las labores de poda que con Policarpo realizaba en el huerto comunal–: ya le urgía librarse del licenciadito ese; ni siquiera se le ocurrió llamarte para que tú y yo lo lleváramos así como lo habíamos traído. Creyó que el remedio estaba en quitárselo de enfrente, sin pensar que Rosendo bien puede hacer lo que los borrachos, que cuando no hallan el licor en su casa salen a ver dónde lo consiguen.

A partir de entonces Rosendo había permanecido en hosca reclusión, que nadie perturbó creyendo que la vergüenza lo tenía en cuarentena. Pero si nadie lo había visto era porque sólo salía al mediodía a calentar sus odios cancerados por el miedo a toparse con Aurelio. La venganza lo obsesionaba, y cuando le dio por merodear la cabaña de la familia de Elodia, el plazo de su cautiverio en la aldea estaba llegando a su término.

Aunque el Curandero no había heredado de sus remotos predecesores el don de la clarividencia, percibía, como la araña en el centro de su tela, las bruscas alteraciones en la tensión que cada quien imprimía al hilo de su vida. El saber lo que estaba ocurriendo entre su hijo y Elodia lo llenó de ira. Urgido por la sospecha, fue en busca de ambos a un lugar cerca del arroyo donde solían encontrarse; pero llegó demasiado tarde: Elodia se hallaba tirada sobre la hierba, el rostro amoratado y haciendo esfuerzos por incorporarse, sin lograrlo. La cargó en sus brazos y la llevó a su casa para curarla. Al llegar pudo constatar que Rosendo ya no se hallaba ahí. El trago amargo se le había atorado cuando pensó que si Rosendo sólo se hubiera vengado de Aurelio no lo hubiera recriminado, pero sabiendo que había hecho de Elodia el instrumento de su venganza lo maldijo en su corazón. Sin embargo, como su corazón era renuente a admitir que su hijo, su único hijo y sucesor, había huido para jamás volver, decidió ocultar el incidente a todos excepto a Aurelio... Y después esperaría.

- Rosendo no era así —opinó Aurelio en aquella ocasión y mirando con insistencia al Curandero agregó – Lo maleó el licenciadito ese.

De lo que no estaba seguro era de haberle dicho: "Nada de esto habría pasado si se lo hubiéramos dejado a los zopilotes". Quizá el respeto hacia el Curandero le había tapado la boca. Eso fue en aquella ocasión, pero ahora nadie se interpondría en sus designios.

- Sí... -murmuró, desgarrando con los dientes su vieja rabia mientras miraba de reojo hacia la cama en donde Thomas yacía-: esté como esté, lo mejor es deshacernos de él. Ya una vez recogimos una víbora medio muerta y luego nos mordió.

Elodia se estremeció como si fuera ella a quien Aurelio condenaba, pero no se atrevió a pronunciar ni media palabra.

- ¿Vamos a arriesgarnos a que cualquiera venga a sonsacar a nuestros muchachos con sus embelecos? –Insistió Aurelio– Más vale cortar por lo sano ¿no crees?

Los ojos de Elodia se posaron en él con la mirada vaga de quien se encuentra perdido en su mundo interior. La preocupación de Aurelio la apenaba, pero no conseguía compartirla. El momento de que sus hijos los abandonaran se hallaba –según su parecer– muy distante aún; cuando ese día llegara, ella alentaría sus ilusiones con alegría, como si también ella se fuera, en vez de borrarles con una escoba la senda del retorno levantando tras ellos una polvareda de desventuras… Y como "Lo que ha de suceder sucederá, así te des de topes", no había lugar en su cabeza para maquinaciones como las de Aurelio, por más que las respaldara la experiencia.

"Rosendo lo mismo se iba a ir, con el Licenciado o sin él", se lo había dicho en alguna ocasión a su madre y ahora tenía esas palabras en la punta de la lengua; sin embargo, prefirió continuar en silencio. Si hablara, sería para secundar a su marido, convirtiéndose en victimaria de sus propios sentimientos como lo fue en aquellos tiempos al admitirlo como esposo. Una desafinada sensación de estar cometiendo incesto había sido su castigo, al que se agregaría otro, quizá más insoportable, si ahora traicionara sus sentimientos maternos.

Aurelio había vuelto a sentarse a su lado; pero ella, hasta que sintió su brazo se percató.

- Apoco te gustaría que alguno de tus hijos se largara –dijo él con un temblor de ronroneo en la voz–, y que después de andar por allá como perro sin dueño regresara presumiendo lo que no es.

- … para que al rato vuelva a irse –concluyó Elodia ausente a medias–, porque ya nada le cuadre.

- Ni más ni menos que si te mataran dos veces –sentenció Aurelio, acariciando la cabeza de su mujer.

- ¡Peor que al Curandero!
- Creo que ya entendiste.
- Sí Aurelio, desde antes... Pero mira: creo que ni tú ni yo somos quién para decidir.
- ¡Mmm...! –Refunfuñó Aurelio, y poniéndose de pie concedió entre dientes– Que lo decida, pues, el Curandero.

Juntos abandonaron el cuarto con un sigilo que estaba de más, dejando a Thomas en su letargo febril.

Mientras Elodia ajetreaba en la cocina, Aurelio se zambullía en la acequia cuya corriente abastecía la hortaliza.

- Me voy a adelantando –le dijo a Elodia cuando terminó de desayunar– Que los muchachos se vayan luego... ¿No ha regresado Otilia? –Agregó al trasponer la puerta.

- ¡Uy, no! –exclamó Elodia, entregándole el itacate– Si supieras cómo se batalla ahora para conseguir los "chepiritos".

- Dale esto que le traje de Yoricostio –y puso en su mano un puñado de paquetitos.

Elodia se hizo ovillo en el rebozo mientras su mirada iba tras Aurelio como un perro adiestrado a no ir más allá de la loma donde principiaba el huerto. Pero, si bien su mirada ya había retornado al nido de sus párpados, ella permaneció en el quicio, cautiva de la insignificante eternidad de sentirse sola, retenida ahí por sus recuerdos.

Involuntariamente tarareó una melodía de orígenes olvidados, pero que no fue suficiente para atenuar la opresión del recuerdo de su primera cópula con Aurelio y de la consecuente incertidumbre de la paternidad de Otilia; la estrujó, no con las zarpas del remordimiento, no; era la suya la opresión de un puño enguantado en seda: firme, desesperada, y también desesperanzada; era el deseo de poseer a Rosendo por mediación de un fetiche. Sin embargo, su fetiche se desvanecía dejándola aún más desolada en medio de sus ensueños quiméricos, porque en Otilia no se podía encontrar ni la más ilusoria, inclusive caprichosa o arbitraria, semejanza con uno de sus dos posibles padres. Era tan distinta a todos, que a veces Elodia caía en la paradoja de dudar de su propia maternidad. "Tal vez por eso sea como una de esas avecillas que sólo por las noches regresan al follaje donde duermen", pensó.

Si Aurelio no la hubiera recogido, seguramente Otilia viviera aún con sus abuelos, ya que Elodia consideraba que la niña no podría encontrarse en mejores manos que las de sus padres. Aurelio desvaneció esas zozobras, pues recibió a la recién nacida Otilia con una alegría que no dejaba lugar a ningún género de suspicacias.

Elodia bostezó a sus anchas, como si recién despertase, cuando Otilia se hallaba a unos cuantos pasos de la puerta. Traía el bosque pintado en su cara morena, con el colorado de los tejocotes y de los gorriones en las mejillas opulentas.

Con el fardo de la modorra a cuestas, Elodia siguió a Otilia a la cocina, donde ésta se desembarazó rápidamente de la canasta.

- Todavía no hay muchos —se excusó mientras Elodia introducía su mano en la canasta.

- Ojalá no escaseen esta temporada... ¡Con eso de que tumban tanto árbol! —Lamentó Elodia devolviéndole la canasta después de tomar una docena de "chepiritos"- Tu padre madrugó porque tenía que hablar con el Curandero, y me dejó esto para ti.

- ¿Chicles? —profirió con desencanto. Pudo aguantarse las ganas de arrojarlos pero no de patear el suelo- Aurelio no deja de tratarme como si yo siguiera siendo una chiquilla... ¡Me choca!

- ¡No seas igualada! —apostrofó Elodia, escandalizándose de que Otilia aludiera a su padre por su nombre- pues ¿cómo quieres que te trate tu papá? —Como Otilia se limitó a torcer la boca, agregó seguidamente- ¿Y de cuándo acá me resultaste tan descontentadiza y renegona?

- Es que tú misma me dijiste que ya no era yo una niña; ¿te acuerdas?... Hasta me aconsejaste que me cuidara de los muchachos... que ellos buscarían hacerme esto y lo de más allá... Acuérdate que tú te reíste porque yo te contesté: Pero mamá, ¿Cuáles muchachos?

A Elodia se le ajaron de golpe las plumas de su renuente juventud con la desolación de su hija, y optó por darle la espalda simulando que empujaba un leño en el fogón. Las brasas chisporrotearon y ella las sopló el tiempo necesario para que sus lágrimas se secaran. ¿Qué iba a ser de Otilia si todos en la aldea le habían sido hostiles, si aún ahora ninguno de los jóvenes tenía ojos para ella? ¿Sería su destino el de las yerberas repudiadas a la luz del día pero a quienes por las noches se acudía con tenebrosa fe en sus hechicerías?... No, sus lágrimas no la reconfortarían. Comprendía que el apoyo que le estaba demandando era por el estilo del que ella también había exigido en la ocasión en que su madre le había jalado las orejas severamente, culpándola de resbalosa y mancornadora. Pero Otilia, de ningún muchacho había escuchado la palabra que corroborase la importancia que de sí misma había cobrado a partir de sus primeras menstruaciones; esas frases, a veces torpes y desaliñadas, pero siempre mágicas, que la confirmaran como mujer. ¿Quién, entonces, llevaría a cabo la función polinizadora de su corazón?

- Sí, hija, te asiste la razón −le dijo, volviéndose hacia ella lentamente- Cuenta con que yo haré que te traten como lo que eres: toda una señorita. A cambio, tú me vas a hacer el favor de no decir Aurelio sino papá, porque así estés cayéndote de vieja, nunca dejaremos de ser tus padres.

- Está bien, mamá − y su sonrisa disipó la desazón de Elodia, porque esa sonrisa, cándida y confiada, seguía siendo la de una niña.

"Creo que me afligí sin necesidad" pensó Elodia al reanudar el trajín mañanero.

Reconciliada con sus gustos infantiles, Otilia contaba los paquetitos a la vez que se disponía a salir de la cocina.

- ¿A dónde vas tan apurada?

Otilia giró sobre sí misma con ostensible enfado.

- ¡Ay, mamá! −Gritó, retándola con la mirada- ¿A dónde he de ir?: pues a mi cuarto.

- Acuérdate que está ocupado.

- Me acuerdo, mamá, y por eso quiero ir. ¿Tiene algo de malo que lo vaya a ver?

- Luego que almuerces lo verás y de paso le vas a dar su remedio. Ahorita mejor ve a apurar a tus hermanos para que se levanten.

Durante el almuerzo, Oscar y Hugo se concedieron una tregua en los buenos modales. Sus voces se atropellaban pugnando por la exclusividad de un auditorio que se reducía a Elodia y Otilia, ya dándoselas de lumbreras en la escuela o bien alardeando de ingeniosos y audaces bromistas. Otilia, que no perdía palabra, reía como había aprendido a hacerlo desde la infancia, con una risa descuartizada, semejante a un ataque de tos senil. Pero había llegado el momento de pagar por esa diversión, ya que Oscar, mirándola aviesamente, sacó del bolsillo de su chamarra las gafas negras que, no obstante la prohibición de Aurelio, siempre cargaba para infligirle a su hermana la burla que más la enfurecía. Por un instante Otilia se quedó paralizada cuando Oscar, con las gafas puestas, comenzó a gesticular aproximándosele mientras repetía el sonsonete:

- Soy la calaca, soy la calaca: Tengo los ojos rellenos de caca...

Que la azotara desnuda con ramas de huizache hubiera sido menos atroz para ella, pues las gafas oscuras significaban la humillación de sentirse obligada a ocultar aquello que por no ser un rasgo común en los demás se consideraba monstruoso y repulsivo. En la burla de Oscar escuchaba la voz de todos los que la escarnecían; hacia él debía, entonces, apuntar su ira, ira que se robustecía en el letargo de un olvido de sueño tan ligero, que despertaba a la menor provocación con una ferocidad devastadora; más aún si, como ahora, le restregaban en el rostro su estigma de exiliada, su índole de mariposa negra, enjaulada en un aislamiento que le impidiese su metamorfosis en cihuateotl.

Cuanto más violenta fuera su furia, más exitosa consideraba Oscar su broma. Bien valía la pena arriesgarse a que alguna tarascada de ella violara la trinchera de sus brazos.

Disfrutando vivamente con el espectáculo pugilístico, Hugo los azuzaba con la imparcialidad acomodaticia del hermano menor; pero este regocijo no le duró mucho, ya que Elodia puso fin a la contienda.

- ¡Sosiéguense niños!... No harían semejante boruca delante de su papá, ¿Verdad?

- Mamá, mamá: ¡Regáñalo!... Dile que no me fastidie, que...

Otilia no pudo hablar más. La impotencia le había anudado la lengua, le pinchaba los ojos con encono y a empujones la urgía a poner a salvo su dignidad en la huida. Dio unos pasos, resuelta; sin embargo, retrocedió sorpresivamente y le acomodó tremendo sopapo al burlón. Oscar se le hubiera abalanzado de no habérselo impedido Elodia:

- Estate en juicio, Oscar –le dijo, mientras Otilia corría rumbo al bosque-; y procura dejar de burlarte de tu hermana, porque si tú no la respetas, entonces ¿quién?

- Mamá: ¿se irá hoy el forastero? –la interrumpió Hugo poniendo fin a la reprimenda.

- Lo sabremos más tarde, Huguito… ¿Por qué lo preguntas?

- Es que no me gusta dormir con Oscar, mamá –el aludido lo fulminó con la mirada pero Hugo, soslayándola, agregó imperturbable- Me hace cosquillas todo el tiempo, me muerde, me tira de la cama y lo que más me enfada es que me que presuma sus pelitos… Como yo no tengo, dice que soy niña.

Elodia tuvo que morderse la lengua; pero el respingo convulsivo que suplió a la carcajada desató la risa burlesca de Oscar. Acarició la cabeza de un Hugo perplejo a la vez que les ordenaba:

- Ya vayan por sus cosas; y que no se les haga tarde por ir retozando.

Así lo hicieron… hasta apenas un poco más allá del huerto; después, la formalidad se les fue quedando atrás hasta perderse de vista.

Como el sendero conservaba todavía nítidas las huellas de Aurelio, Hugo iba saltando de una en una con trancos desproporcionados.

- ¡Aplácate ya, mojiganga! –lo increpó Oscar; pero Hugo continuó absorto en su fantasía. Sentía que al coincidir sus pies con las huellas, él se transformaba en Aurelio. Oscar apretó el paso y cuando iba a la vanguardia se consagró a la maligna tarea de destruir las huellas, sin importarle que los únicos zapatos que poseía para ir a la escuela se estropearan.

- ¡No huyas sabandija! –Gritó Hugo mientras corría tras él- No más deja que te alcance…

- ¡Huy... huyuyuy, qué miedo! –gimoteaba en falsete Oscar–: No me vayas a mear, gallina.

Hugo porfiaba denodadamente en la persecución, alentado por la certeza de que su agilidad compensaba de sobra las zancadas de Oscar, pero siempre que tal convicción estaba a punto de realizarse, Oscar lograba esquivarlo en plena carrera con bruscas evoluciones que lo enardecían y que gradualmente lo envolvieron en un entusiasmo lúdico, limpio del recuerdo de su padre.

Con el bullicio de los dos hermanos la vereda aligeraba su soledad, y sobre el fondo rumoroso del bosque el griterío se difundía en la búsqueda de un eco inexistente.

Habían disfrutado con avaricia y sin remordimientos la ausencia de su padre, ajenos a que, para conjurarles una amenaza presentida, a Aurelio se le había alargado el camino de tanto que lo tironeaban los sobresaltos y premoniciones, de modo que cuando entró por la puerta siempre abierta de la casa del Curandero, ni siquiera notó el amoroso aroma del pan recién horneado.

- ¡Qué bueno que ya llegaste! –le dijo el viejo Curandero que, a esa hora tan temprana, era una sombra apenas discernible en la penumbra del corredor, penumbra en la que se hallaba circunscrito el vasto patio cuadrangular– Te estoy esperando desde la madrugada y ya comenzaba a inquietarme. A ver... a ver: ¿Qué mitote se traen en tu cabaña?

A Aurelio no le sorprendió que el Curandero acertara sobre el motivo de su presencia, pero sí echó de menos la ofrenda del saludo, por lo que pensó antes de contestar: "Cuando es urgente llegar, hay que tomar el atajo".

- Ayer por la tarde, Otilia encontró a un individuo tirado en el suelo cerca de la cabaña. Al verlo parecía difunto; pero como todavía resollaba lo cargué para llevarlo adentro. Le dimos de beber té de valeriana y árnica, pero como es la hora de que ni siquiera abre los ojos del calenturón que tiene me di prisa en venir.

- Qué más... ¿Eso es todo? –Lo urgió el Curandero pensando que Aurelio se andaba con rodeos.

- Sí, eso es todo.

Lo que significó para el Curandero la contundencia de esta respuesta era algo inasequible para Aurelio. El equipal donde se hallaba sentado el Curandero crujió al contagiarse del estremecimiento súbito de su cuerpo. Aurelio pensó que tenía frío y se despojó del gabán pretendiendo abrigarlo con él; pero el Curandero estiró el brazo para rechazarlo. El equipal se estremecía con intensidad progresiva, y cuando Aurelio iba a colocarse detrás, temeroso de que se desbaratara, la agitación cesó de súbito. Habían transcurrido sólo un par de minutos y, sin embargo, la tensión de esos dos minutos fue tan intensa para Aurelio que sudaba copiosamente. Verlo de nuevo con la expresión habitual de serenidad y en sus ojos la mirada aguda y brillante, si bien le suprimió la zozobra, no un desazonado sentimiento de culpabilidad. A punto de preguntarle cómo se sentía, el Curandero se anticipó.

- Mira Aurelio: desde temprana hora me despertó el presentimiento de que alguna desgracia les amenazaba y qué bueno que me equivoqué. Pero, si me equivoqué, ¿a qué demonios se debe ese sin-juicio que te maltrae como si estuvieras ahogándote en un pozo? ¿Tiene algo que ver con la presencia del desconocido?

Aurelio permaneció pensativo; sopesaba los efectos de una explicación pormenorizada que inevitablemente removiera voces tal vez enmudecidas en el rincón más oculto de la memoria del Curandero, cada una con su gama de resonancias dolorosas no sólo para sus oídos. Si bien él ya se había zambullido en su porción de sufrimiento, no deseaba empujar al anciano en el otro estanque. Sería preferible atribuirle motivos apócrifos a su angustia o bien negarla. Pero mentirle sería como darle una bofetada alevosa en la oscuridad y, negándola haría el papel del niño que niega haber hurtado la fruta que abulta sus carrillos.

Tiempo atrás, para ahorrarle una aflicción se había casado con Elodia, pero ahora, con la evocación de ese pasado, habría de alborotar un avispero; y así tenía que ser, porque si no le exponía al detalle sus recelos y conjeturas, ¿cómo podría tomar la decisión más conveniente?

- Obraste como es debido –dijo el Curandero cuando Aurelio hubo concluido su relato-, porque así como yo no soy tú, ese hombre no es aquel Licenciado. Y mira: no está por demás ventilarlo un rato, aunque nos indigeste, pues nos recuerda un error que cometimos –Sin darle importancia a la perplejidad de su interlocutor, reflexionó unos momentos y luego continuó- Me estoy acordando de algo que le oí al sacerdote que se dejaba ver por estos andurriales. ¿Te acuerdas del padre Nicolás?... Bueno, pues decía que el hombre es el único animal que tropieza dos veces con la misma piedra. Una de dos: o es porque no se acuerda que allí está la piedra, o porque creyendo que no le va a suceder lo mismo pasa de nuevo por donde está, y ¡zas!, da un tropezón peor. ¿No pensarías que eso y más se merece por testarudo?

- ¡No tiene ni vuelta de hoja! –respondió Aurelio saliendo de su estupor, feliz de que el Curandero hubiera modificado su punto de vista y que, por lo tanto, lo autorizaría a desembarazarse del fuereño.

Contra lo que Aurelio esperaba, el curandero declaró:

- Entonces ya no hay razón para que te mortifiques de que haya estado bien o mal ayudarlo… ¡Desde luego que hiciste bien!

- ¡Ah caray!: pues no doy pie con bola –confesó cándidamente Aurelio- Me dices que hice bien, que no me preocupe… ¿Cómo que no me preocupe, si un forastero fue el que alebrestó a tu hijo? Si no hubiéramos cometido la tarugada de abrirle las puertas…

- ¡Ah!, ya sé por qué lo dices -interrumpió el Curandero- Yo tengo la culpa de que estés confundido; pero ahora verás que te desenredo en un dos por tres. Por haberlo corrido de aquí no sirvió de nada todo lo que nos afanamos por él. ¿Que por qué?... Pues óyelo bien: ¿Te acuerdas que desde que Policarpo y tú lo trajeron moribundo, pasaron los días y ni para atrás ni para adelante?

- Eso mismo es lo que me da mala espina con el individuo que tenemos ahora –dijo Aurelio-, pues también está como muerto; ahora que viéndolo bien éste sí resuella, no como aquél.

- Entonces, bien que te acuerdas –observó el Curandero- El Licenciado era diabético; así que más que por la tunda que le dieron, de esta dolencia se hubiera muerto, porque la diabetes se agrava mucho con los sustos. Tú lo viste: día tras día, mes tras mes, mi hijo y yo lo fuimos aliviando; luego, para que aprendiera a usarlas, iba a echar mano de otras yerbas que lo hubieran curado de recaídas. En esto, que acontece lo que ya sabes, y ni qué pensar en ponerlo sobre aviso.

Y lo que Aurelio temía sucedió: el Curandero ocultó su rostro tras el rojo paliacate que le rodeaba el cuello. No las vio, pero al imaginar el flujo silencioso de las lágrimas sintió una bellota atorada en su garganta. Sólo una vez lo había visto llorando y antes que someterse nuevamente a tal tortura se acogió a la algarabía del patio, donde gorriones y palomas se disputaban los residuos del nixtamal que desdeñaran el día anterior. Poco después, al escuchar que el anciano se sonaba, consideró oportuno consolarlo.

- Déjame terminar –suplicó el Curandero al advertir su intención– Si mal no recuerdo, escasamente al año de que Rosendo se fue, tú mismo me trajiste la noticia de que el Licenciado había muerto. A ver, dime: ¿qué caso tuvo que lo corriera de la aldea, a ciencia y conciencia de que eso era como sentenciarlo a morir? De todas maneras mi hijo ya nunca volvió.

La fantasmal irrupción de Nata, la mujer del Curandero, con sendas ollitas de café, salvó a Aurelio de emitir una respuesta que no quería dar.

- Aurelio –dijo el Curandero cuando la anciana hubo abandonado el corredor–, te voy a preguntar algo: Si ahora, en lugar de socorrer a ese hombre lo sacamos de tu cabaña y lo abandonamos en el bosque, a sabiendas de que morirá ¿no cometeríamos un error más grave que el anterior, no cometeríamos una injusticia?

Como respuesta, Aurelio tomó la mano del Curandero y la puso con veneración en su frente. El Curandero le agradeció el homenaje dándole unas palmadas y continuó:

- Además, no sabemos cuál es su dolencia ni lo que tardaría en sanar. A lo mejor en dos o tres días se encontrará en condiciones de emprender el vuelo.

- Pero, ¿si no es así?

- De uno en uno, hasta los diluvios. Cuando lo sepamos, ya veremos.

Poco a poco, el Curandero se hizo silencioso. Sus pensamientos se arremolinaron en desorden hasta adquirir la vertiginosa estridulación de un coro de grillos. Su cuerpo, tenso, agarrotado, fue cediendo hasta la flacidez, y cuando su mente quedó impoluta se abrieron sus ojos, no para ver lo inmediato sino lo lejano. De pronto comenzó a hablar atropelladamente, como si a sus palabras les quedara muy poco tiempo para salir de su boca.

- Se encuentra durmiendo, y la fiebre lo atormenta con pesadillas. Un hueso de la pierna está fracturado y tiene algunos guamazos en el cuerpo.

Hasta que la mirada del Curandero se encontró con la suya, Aurelio se atrevió a preguntarle:

- ¿Qué dispones, entonces?

- Es bueno que siga durmiendo para que amaine la tirantez de los nervios. Así que deja de preocuparte. Por allá nos veremos en la tarde.

"Parece que ya se apaciguó", pensó el Curandero.

Conocía a Aurelio hasta en sus entretelas; no en vano había estado bajo su protección a partir de la muerte ignorada de su padre, más que por su condición de huérfano, porque su padre había desaparecido cuando luchaba por las tierras de la comunidad. Después de insistentes búsquedas, nadie que no estuviera en sus cabales pudo dejar de adivinar su destino. Sólo su mujer se había obstinado en culpar a las Cihuateteo, ya que por los frecuentes viajes a que lo obligaban los embrollos burocráticos de las gestiones para legalizar la tenencia de la tierra, a menudo la noche se le echaba encima a medio camino. Un día, más por ella que por su hijo, tomó la decisión: De mujer a mujer pelearía con las Cihuateteo para recobrar a su marido. Armada con una guadaña, noche tras noche salía de su casa y retornaba en la madrugada; noche tras noche durante una lunación. Y cuando la luna se fue, se la llevó.

Para un Aurelio de cuatro años esta versión encajaba en el molde de su fantasía, y la fantasía se constituyó, desde entonces, en el lazarillo que lo llevara del ronzal hacia la manía de anticiparse a los acontecimientos. Ni con el mejor de sus filtros ni de sus brebajes el Curandero había conseguido corregirlo. Aun así, sin darse por vencido, cada vez que lo veía con la intención de servirse doble ración de sufrimiento, intentaba evitarlo.

- Mira Aurelio –le dijo aprovechando la ocasión-: siempre que uno se mete donde no lo llaman se lleva un soplamoco, si no es que algo mucho peor. Quisiste tomar una decisión sin tener por qué y con lo que ganaste yo salí premiado. Lo primero que discurrí fue que te angustiabas por alguno de tus hijos; así, sin definir por cual. Pero luego, como si tuviera los pelos de la mula en la mano, que se me mete aquí, en la cabeza, que era por Oscar. Desde ese momento tuve el corazón en un puño... ¡Qué te parece!: caí en un hoyo, lo mismo que tú, por querer hacer algo que no sé, o sea, adivinar.

- ¡Ah caray!... No fue adrede –Murmuró acongojado Aurelio, y la vergüenza le impidió preguntar lo que no debía. Pero el Curandero lo hizo por él:

- ¿Que por qué Oscar?

A una señal del Curandero, Aurelio se aproximó hasta que su banquillo rozó el equipal. Ansioso a más no poder, se limpió maquinalmente una oreja. Sin duda, le hablaría de asuntos que nadie, además de él, debía escuchar; si no, ¿qué caso tenía la exigencia de la proximidad? Sería la primera vez que se referiría a Oscar –supuso-, pero al Oscar que desde hacía dos años se había convertido en aprendiz de Curandero.

Absorto en estas conjeturas le fue indiferente el deletreado suspiro del Curandero, homenaje que jamás le regateaba al recuerdo de Rosendo.

Durante largos años el Curandero había mendigado con silenciosa esperanza el retorno de su hijo. Su corazón le aseguraba, con un aplomo propio de los mentirosos redomados, que de los viejos reproches ninguno sobreviviría a la reconciliación; que reanudaría sus enseñanzas y, como siempre había sucedido, el día llegaría en que el nuevo curandero superara al anterior. Pero la esperanza fue envejeciendo y, con ella, también él envejecía. Su esperanza debía morir primero que él, era urgente; y, como si obedeciera a un mandato supremo, eligió a Oscar. Esta elección no podía ejecutarse sin la aprobación del centenario padre del Curandero, ya que para un asunto de tanta importancia debía manifestar su consentimiento.

Oscar asimilaba con la voracidad de un lactante los secretos de la herbolaria acumulados durante centurias, si bien su entusiasmo decaía cíclicamente en la diaria identificación de las distintas especies de yerbas que Otilia y Nata recolectaban en el bosque. Su interés por colaborar con el Curandero en la clasificación de estos especímenes según el grado de toxicidad de unos y la capacidad curativa de otros lo inmunizó contra el aburrimiento cuando tuvo en sus manos los viejos libracos de plantas medicinales, tanto de México como de los países sudamericanos.

Las lecturas iban formándole un criterio comparativo que aplicaría más tarde en la recopilación de los conocimientos que le trasmitiría el Curandero. De esta recopilación se excluirían, como siempre se hacía, las aplicaciones de los chepiritos, las pócimas de los espíritus y otras cuyo dominio debía mantenerse oculto en la memoria del Curandero en turno.

Como si Oscar fuera el culpable de la terca longevidad de aquella esperanza recientemente sepultada, el Curandero lo adiestraba a marchas forzadas con el propósito de que la información adquirida corriera parejas con sus aplicaciones. Pero, para incursionar en la aplicación, Oscar debía ser iniciado en la expansión de su espíritu, recurriendo, como era usual en un principio, a un alucinógeno rigurosamente dosificado. Quiso el destino que Thomas hiciera su aparición ahora, cuando Oscar lo había ingerido por primera vez, después de que el Curandero le demandara extremar su discreción.

- Aprender es una cosa y practicar lo aprendido, otra –le dijo el Curandero- Lo que sólo se aprende si se practica siempre es la discreción.

Y Oscar, como dos años antes Aurelio, comprendía por qué. Por entonces, Aurelio había sellado sus labios a las preguntas; sólo se enteraría de lo que el Curandero considerara necesario. Que ahora estuviera en ascuas lo comprendía muy bien el Curandero, por lo que se apresuró a aliviar su curiosidad.

- Ayer, Oscar no calentaba lugar, pues ya le andaba por saber cómo son sus espíritus. Pero su desmedida curiosidad dio al traste con el poder del hongo que comió. Luego que se fue, yo me quedé muy quitado de la pena, pues aunque me acordé que a veces los efectos se retrasan, nada malo le podía pasar. Pero esta mañana, qué de topes me daba por no haberlo prevenido. Se me clavó la idea de que a la hora de la hora se hubiera "cruzado" con algo que ustedes le hubieran dado de comer. No puedes imaginar una acalambrada semejante a la que me llevé cuando supe el porqué de la rebatinga en tu corazón.

- ¡Jíjoles! –El Curandero le vio a flor de rostro la aflicción; iba a sacarlo del atolladero, pero Aurelio agregó-: De todos modos, qué bueno que me previenes. Entonces, ¿no hay que darle nadita de nada, ni aunque lo viéramos retorciéndose en el suelo?

- Mmmm... No. Ni pizca de nada –confirmó el Curandero, intrigado por la conclusión de Aurelio. ¿Cómo lo había sabido? Oscar no hubiera podido comentarle algo relacionado con las convulsiones porque éstas sobrevenían en un estado de semiinconsciencia. Además, las precauciones que había tomado eran suficientes para impedirle a los profanos meter su nariz.

Aprovechando la coyuntura, el Curandero tomó una decisión que esta vez "acalambraría" a Aurelio.

- Y esto por mientras –continuó impasible-, porque uno de estos días se vendrá a vivir conmigo. Estaré al pendiente de él a todas horas y a ustedes les ahorraré posibles tragos amargos... ¿Qué te parece?

- Pero... -Titubeó, y a punto estuvo de pronunciar el nombre prohibido del Curandero; sin embargo, el tabú superó el conato de rebeldía.

- ¡No hay pero que valga! –Atajó con dulzura y también con firmeza- En el momento que consentías supiste que ya no era tuyo, sino mío. Te lo dejé hasta ahora porque así debía ser, pero no hay plazo que no se cumpla... O qué: ¿me vas a salir con que a la mera hora te me rajas?

Aurelio movió la cabeza, negando, pues el monosílabo se le había atorado en la garganta.

- ¿Hará falta que te recuerde que nada de esto lo debes comentar, ni siquiera con Elodia?

- Sí –y carraspeó para agregar-, no sale sobrando.

Al despedirse, Aurelio se llevó el consuelo de una caricia en el hombro.

Mientras el Curandero se reacomodaba en el equipal, lo fue envolviendo el capullo de un sueño que la extenuación había devanado. Desfilaron en su mente imágenes confusas de personas que por su avanzada edad morirían en esos días; la última en aparecer fue la de su longevo padre; la detuvo con la esperanza de haberse engañado, con el anhelo de que aún no formara parte de ese cortejo.

Con los años, sus facultades en actividad permanente habían hecho del curandero un a modo de radar, radar que aún dormido registraba las emociones extraordinarias de todos, hasta distinguir con precisión quién era el emisor, aunque no la causa de la perturbación. La exaltación de su padre lo impresionaba, adormilándolo, mientras que la angustia de Aurelio lo había despertado con el apremio de una llamada telefónica que no pudiera contestar. Su frecuencia había aumentado, lo que indicaba que esa angustia, o bien se exacerbaba o Aurelio venía en camino. De un modo o de otro no le había quedado otra que esperar. Mientras, había llenado el tiempo en preparar infusiones, maceraciones y ciertas pócimas y cataplasmas para los enfermos de ese día. La oscuridad cautiva en el laboratorio sólo hubiera podido fugarse por la puerta, pero la había cerrado rápidamente después de entrar. A la luz del único foco colgante se había enfrascado de lleno en la selección de especímenes con la delicada manipulación de un amante hábil en las caricias. Yendo de un anaquel a otro y de éste a la mesa ubicada en medio del laboratorio, por casualidad había posado su mirada sobre el chiquigüite donde Otilia vaciaba los hongos que recolectaba en el bosque, y entre ellos distinguió uno de la especie más venenosa de cuantas conocía. El impacto lo tambaleó. Oscar lo había tomado de ahí, no había la menor duda. La sospecha de que hubiera comido el hongo venenoso había gravitado con amenazadoras muestras de desplomarse sobre su cabeza.

Su culpabilidad, erizada de remordimientos, había sido expiación exorbitante por un descuido hipotético. Saberlo, ningún provecho le habría reportado a Aurelio; pero a él, como maestro, sí.

En adelante debía estar alerta, porque donde menos lo esperara podrían esconderse riesgos de imponderable peligro.

¿Cómo había logrado colarse el hongo insidioso? Le parecía imposible que a su esposa le hubiera pasado inadvertido. Para encontrar otra pista de su procedencia, así como de las intenciones a ella aparejadas, tendría que hurgar en los sentimientos recíprocos entre Otilia y Oscar.

Se puso de pie y por el fresco sendero de los colmenares se llevó a pasear la historia de Otilia.

Capítulo III

Nada sobrenatural había ocurrido el día que Otilia hizo de la joven pareja una familia, aunque a su madre se le figurara que sí. Con apego a las buenas costumbres de la casta infantil, Otilia permanecía dormida la mayor parte del tiempo, inclusive mientras la amamantaban, adquiriendo en pocas semanas la apariencia de muñeca de trapo: acolchonadita de todas partes, con unos hoyuelos en las nalgas que, a juicio de Aurelio, eran "chulísimos", lo mismo que sus veinte deditos y sus ojos de coyol, negrísimos en toda su redondez.

El nacimiento de Oscar, dos años más tarde, pareció no perturbar la armonía de su mundo, pues cuando su abuela le dijo que había llegado un hermanito, levantó los hombros, displicente, cerrándole la frontera de sus preferencias al advenedizo llorón que la había despojado de su madre. Pero no iba a disputársela; le bastaba con su padre porque era suyo y sólo suyo, por más que intentara engatusarlo con sus triquiñuelas.

Ese desdén se desmoronó el día que lo vio despierto y, desde entonces, sólo tuvo ojos para aquellos ojos en los que había encontrado el molde de los suyos. A todas horas quería estar pegada a la cuna, esforzándose por mantenerlo despierto con su letanía de medias palabras y sus desgarbados arrumacos. Como el terco sueño del niño a menudo le ganaba la partida, aprendió a dormir de pie, apoyada en la cuna. Pero un día se le ocurrió jalarle los párpados con sus no muy limpios dedos y, si bien logró su propósito de abrirle los ojos, los berridos acusatorios menguaron su placer; no en gran medida, visto que incorporó resueltamente el procedimiento a la rutina como última instancia para mantener develados los espejos en que sus ojos se reflejaban.

Puesto que su llanto resultaba ineficaz como recurso defensivo, el niño probó a estrellar la sonaja en el rostro de su obstinada hermana; como ni así se libraba de su molesto asedio, sus párpados comenzaron a enrojecer de una manera tan notoria que llamó la atención de Elodia.

Donde los regaños de la madre y las nalgadas del padre habían fracasado, la amenaza del exilio en la pavorosa casa de los abuelos lo logró. Compungida y lacrimosa prometió el "nunca jamás" y lo había cumplido, primero a base de grandes penalidades, después de un modo más llevadero, hasta que los ojos de su hermanito, al perder la apariencia de coyol, dejaron de ejercer aquella fascinación que la había atado a su cuna.

Con el tiempo la casa de los abuelos, con todo y abuelos, fue perdiendo su lado pavoroso para adquirir gradualmente el encanto de los cuentos de hadas; de modo que al llegar el siguiente hermano, para Otilia fue un premio mayúsculo quedarse con ellos "una temporadita", temporada que se prorrogó hasta que a Hugo lo destetaran y luego la prórroga se amplió hasta que diera sus primeros pasos para que pudiera escapar de ella. Pero Hugo llegó a hablar, y ni esperanzas que Otilia abandonara el paraíso de los mimos seniles, sin manifestar el menor deseo de que la "temporadita" concluyese.

De no haber sido porque ocasionalmente tenía que salir y llevar con ella a Otilia, la abuela se hubiera recreado lisa y permanentemente en sus monerías infantiles, sin que nadie las opacara con el aliento de la malevolencia. Y no porque ya le fallara la vista o el cariño la cegara; pero la intromisión de los vecinos logró tambalearla de su endiosamiento.

- ¿No te asustan los ojos de tu nieta? −le decía uno.

- ¡Pobre de tu nieta!: se me hace que está medio ciega; deberías llevarla con el Curandero −comentaba otro, y a cual más exclamaba:

- ¡Qué horror siento cuando se me queda mirando!

No era mala idea llevarla con el Curandero, "Quien quita y la componga". Fue entonces cuando éste reconoció en ella un aire de familia.

Mientras la abuela no terminaba de lamentarse de lo mucho que los vecinos hostilizaban a Otilia, el Curandero recurría a toda su presencia de ánimo para recuperar la paz que, al ver los ojos de Otilia, se había fugado súbitamente de su corazón. Ni por asomo dejó traslucir su perturbación; evitó también aventurar un diagnóstico pesimista para ella –no para él-, externando su confianza de que la niña no tardaría mucho en experimentar los cambios naturales. Sin embargo, era recomendable que la abuela entrenara a su nieta en mantener baja la mirada.

Desde entonces, la abuela no dejó pasar un día sin que le estuviera insistiendo, hasta que Otilia se acostumbró a no mirar el rostro de las personas mayores.

- Y a los niños ¿Sí los puedo ver?

La pregunta de su nieta le pareció de momento intrascendente puesto que Otilia carecía de amiguitos, pero la puso en aprietos cuando, poco tiempo después, la etapa del aislamiento en que había vivido estaba a punto de expirar. ¿Cómo iba a explicarle que también era indebido mirar a la cara de los niños con los que inevitablemente convivirá en la escuela? Aunque Otilia era una niña dócil, no se tragaría este cuento; se revelaría y, lo que era peor, dejaría de creer en ella.

Sintiéndose incapaz no sólo de engañarla por segunda vez, sino de destrozarle esas ilusiones que desde meses atrás había cifrado en el día que, por fin, jugaría con otros niños, la abuela se puso de acuerdo con su hija Elodia y juntas fueron a exponerle sus inquietudes al Curandero, quien les prometió conseguirle unos lentes oscuros para la niña.

- "¡Feliz solución! –pensó la abuela- ¿Por qué no se me había ocurrido antes? Sin duda, Otilia aceptaría los lentes con el júbilo con que siempre recibía algún juguete".

- Con ellos te vas ver más bonita –le dijo, cantando las palabras mientras hacía oscilar los lentes frente a su rostro.

La niña se quedó paralizada. Los vidrios de los anteojos se agigantaron vertiginosamente, su negrura artificial le enturbió el mundo y lo comprimió hasta reducirlo al rincón que ella ocupaba; ese rincón tenebroso, de una oscuridad diferente a la nocturna, de una oscuridad voraz que del color no dejaba ni su esqueleto. Los pájaros parecían golondrinas de hojarasca, y las golondrinas, ráfagas de humo; árboles, nubes y montañas formaban la tramoya fantasmal de un escenario salpicado de flores enlutadas, y hasta la abuela había adquirido la plana delgadez de los espectros. Se tapó los ojos con las manos: No permitiría que los hicieran prisioneros.

Al tocar sus ojos, un deseo se adelantó a su primer sollozo: ¡Si pudiera esconderlos como los esconde el caracol!... De la perplejidad pasó al llanto, decidida a llorar toda su vida si no retiraban de su vista el adefesio amenazador.

Ahora era la abuela la perpleja. Metió los lentes en la bolsa de su delantal y durante el resto del día no tuvo otro quehacer que consolar a su nieta.

Y llegó el primer día de clases para ella. Como recurso desesperado, la abuela le arregló el cabello de modo que un flequillo de su propio cabello le sirviera de celosía a sus ojos; luego completó su peinado con una "cola de caballo" que, por lo inusual entre las niñas de la aldea, contribuiría a desviar la atención de los niños.

Todo en vano. La popularidad de Otilia surgió casi de entrada, como si sus compañeros hubieran celebrado un plebiscito infantil en el que por unanimidad la eligieran beneficiaria exclusiva de todas sus travesuras.

Con miradas de pájaro atrapado, Otilia espiaba la ronda de lenguas erectas, el cortejo de muecas espeluznantes, los pellizcos en los brazos y orejas, los chicles que le pegaban a su "cola de caballo". Se armó de coraje para reprimir el impulso de llorar cuando todos celebraban las perversas ocurrencias con la algarabía de sus tiernas carcajadas.

El azoro llegó a ser para ella uno más de los útiles necesarios en la escuela, sirviéndole de tobogán en el que se deslizaría resignadamente, para acatar el rol que le asignaran en los juegos que a diario inventaban sus compañeros. Claro que en esos juegos ellos eran los jugadores y ella el juguete, un juguete que, de haber sido una muñeca de trapo, tras vaciarle los ojos la habrían descuartizado con sistemático placer.

Una mañana en que rutilaban en el viento escamas veraniegas, del rostro de Otilia había desaparecido el fleco que disimulaba sus ojos y, siguiendo las instrucciones del abuelo, se atrevió a levantarlos para mirar de frente a sus compañeros. Se sintió triunfante y al mismo tiempo incapaz de atinar qué iba a hacer con el odio aprendido en lecciones diarias, porque en cuanto la vieron sus compañeros en la escuela, la hostilidad de todos había huido correteada por el miedo que les infundía su sola presencia. Desde ese día se estrenó en mirarlos a la cara fijamente, regodeándose con su nerviosismo de animalillos acosados.

No era necesario, pues, trozarles sus lápices, tacharles sus cuadernos de tareas ni sus libros, como ellos lo habían hecho; tampoco jalarles las orejas o los cabellos, restregarles el cuello con hojas urticantes ni repetir estribillos burlones, bastaba mostrarles sus ojos, cuyo iris de orilla a orilla casi los congelaba.

Envalentonada, Otilia olvidó que sus travesuras sólo en la escuela gozaban de impunidad y le dio por acechar en algún oscuro rincón de la casa de su víctima. Cuánto la regocijaban los respingos y gritos de terror que provocaba su aparición repentina. Alarmados, los padres de la víctima acudían en su auxilio; pero, para entonces, las sombras se habían tragado a la bromista.

- Ha de haber sido un coyote –era la explicación más frecuente y jamás les pasaba por la mente el hecho de que fuera la travesura de una niña, así se tratara de Otilia, por considerar imposible que se esfumara en la oscuridad de la noche sin tropezar con los árboles.

Ya eran tan frecuentes los niños enfermos de espanto que parecía epidemia, y como todos hacían recaer la exclusividad de la sospecha en Otilia, los padres de ellos fueron a reclamar airadamente, no a los abuelos sino al desconcertado Aurelio, que ignoraba por entero las hazañas de su hija.

Ese mismo día, sin tener tiempo para sorprenderse, Otilia caminaba tras de su padre cuando salió de la escuela.

A pocas horas de llegar a su casa ni se acordaba de los abuelos. Con sus hermanos todo era bullicio, sucesión ininterrumpida de juegos, algunos muy divertidos, otros menos, pero siempre desprovistos de venganzas sorpresivas. Hasta en los bruscos batacazos de Oscar descubría un chispazo de cariño. En cambio, la saña con que éste hacía desatinar al pequeño Hugo la ponía tensa, alerta, sofocada por la angustia. No, no la divertían la prepotencia de uno ni el llanto del otro.

Enfrentarse a Oscar por defender a Hugo llegó a ser un juego frecuentemente doloroso para Otilia, no tanto por los magullones que le quedaban como recuerdo, sino porque Hugo terminaba aliándose a su hermano. Y es que a Hugo le hubiera gustado ver a Otilia en el ejercicio pleno de su superioridad física, y a su hermano mayor mordiendo el polvo. No de otro modo imaginaba que ella se había ganado el respeto de todos sus compañeros de la escuela.

- ¡Pégale!, ¡Pégale! –la exhortaba con insistencia pero siempre en vano, de tal manera que la desilusión le fue encalleciendo la gratitud. Con el desengaño, un coraje veteado de desprecio lo fue empujando en contra de quien más tarde podría hacerse la sorda y lo abandonara a merced de su abusivo hermano. No obstante, como si jamás en la vida un golpe de hacha hubiera arrancado trementina del robusto tronco de Otilia, bastaba un solo grito de Hugo para que al instante se regenerara su cariño hecho girones y corría en su auxilio. Y se repetía el forcejeo, siempre el mismo, en el que Oscar la golpeaba mientras tenía las manos libres sin que ella se animara a darle la paliza que Hugo deseaba. No, no lo haría; menos aún si los rodeaba un corrillo de espectadores que se burlarían a más no poder de la derrota de su hermano. Prefería aparentar inferioridad y cobardía, dándose a una fuga repentina que a todos engañaba, excepto al propio Oscar. Para él era un enigma, ya que en los enfrentamientos ocurridos en su casa, Otilia lo había dominado hasta obligarlo a prometer lo que nunca cumplía. Sobre este desconcierto Oscar mantenía viva la esperanza de resarcirse tarde o temprano. Mientras, había adoptado como norma el aislamiento: por miedo, cuando estaban en su casa; por vergüenza, al salir de la escuela, quedándose atrás con cualquier pretexto: el más trillado, el de visitar a los abuelos.

De una de esas visitas regresó tarde, como solía hacerlo de cuando en cuando. Elodia y Otilia se hallaban en la cocina cuando escucharon su voz.

- Ya vine, mamá.

La cazuela que Otilia sostenía en las manos se desparramó en un reguero de tepalcates al estrellarse contra el suelo, sin que ella se percatara, pues el poder de lo que vio la había paralizado. Oscar había llegado con los anteojos puestos, aquellos horribles, sobrecogedores adefesios que ya había olvidado.

No llegó a ser grito, ni siquiera gemido, el prolongado resoplido semejante al suspiro de un gigante en agonía el que mantuvo abierta la boca de Otilia, mientras que de sus ojos, también desorbitados, fluía su angustia.

Oscar nunca había sido tan feliz como en ese momento. En muchas ocasiones intentó asustarla intencionalmente, sin conseguirlo... ¡No podía creerlo!: ahora, sin pretenderlo, le había metido un susto mayúsculo. Sus carcajadas no tenían fin, tampoco el aturdimiento de Otilia.

Irritada, Elodia les gritó:

- ¿Qué diantres se traen? —Su voz fue el imán que aglutinó la dispersa conciencia de Otilia.

- Dile que se los quite, mamá —suplicó Otilia, cubriéndose el rostro con las manos y, a punto de estallar en sollozos, gritó en sordina- ¡No quiero verlos, no quiero verlos!

"Qué raro" —pensó Elodia- "Temerle a las arañas, a los zapos o a las culebras, se entiende; pero ¿temerle a unos lentes?"

- ¡Es el colmo, Otilia! —le dijo, entre burla y regaño.

Fue el banderazo para la inquina de Oscar, quien de pronto se transformó en pirotecnia de gesticulaciones amenizadas con un fondo de onomatopeyas y alocuciones de refinada crueldad para aludir a los ojos de su abatida hermana. Se hallaba eufórico. Por fin había descubierto el arma para vencerla.

Una mariposa negra expulsada a escobazos podía considerarse más afortunada de lo que fue Otilia al propagarse entre sus compañeros la novedad. Su mirada, reblandecida, se escurría de un rincón a otro de sus ojos, sin reposo, prófuga siempre, reconociendo a los agresores por sus zapatos, ya no por su rostro, y cuando identificaba los de Oscar, entonces y sólo entonces levantaba la mirada. En ella no se asomaba la súplica sino la expectación, volviéndose sombría por el desengaño de su propia incapacidad para fulminarlo; no porque se uniera al coro de los burlones, pues en la escuela jamás lo hacía. Oscar se regodeaba viéndola víctima de los demás y se reservaba para cuando nadie pudiera disputársela: en su casa. Aquí el único obstáculo había sido el que sus padres siempre salían en su defensa; pero en la escuela, si bien nadie la defendía, no podía competir con la muchedumbre, especialmente a la hora del recreo.

Con las humillaciones Otilia conoció la desolación y con el desamparo la amargura; desamparada cuando su padre la condenó a continuar asistiendo sin chistar al patíbulo en que para ella se había transformado la escuela. Se hizo el propósito desesperado de desquitarse de las burlas, burlándose a su vez; sin embargo, era suficiente un gesto o cualquier mirada maligna para dejarla inerme.

Cuando, al parecer, a nadie le importaba su sufrimiento; cuando su propia estima se preparaba para evacuarla, Hugo le dijo escuetamente: "Tan grandota y tan collona". Entonces comenzó a ensayar el arte de desgreñar, morder y desorejar, logrando en poco tiempo verdaderos virtuosismos y refinamientos en desollar con las uñas los brazos de sus compañeras.

Si bien nadie la había recriminado por los estragos que causaba, tampoco le habían festejado sus victorias; no hasta el día en que a la hora del recreo llevó a rastras a una niña al arbolillo del patio y, como si se tratara de un morral, la colgó por las trenzas del muñón de una de sus ramas.

Ese mismo día el Curandero llamó a Aurelio. Lo había alarmado que algo tan violento les hubiera parecido gracioso a todos los niños y quiso anticiparse a que esto diera pábulo a mayores atrevimientos de Otilia, pues de ocurrir así, ciertamente no saldría ilesa de las manos de los padres cuya ojeriza hacia ella era ya un secreto a voces. El Curandero concluyó sus consideraciones diciéndole que permanecer con los brazos cruzados era tan insensato como quedarse debajo de un árbol cuando el cielo se estaba encapotando. Le propuso que, para aislar a Otilia, se fueran a vivir a la cabaña de la ladera y que en lugar de continuar asistiendo a la escuela, aprendiera a recolectar plantas medicinales y chepiritos.

Ya había transcurrido mucho tiempo desde que la esposa del Curandero iniciara el entrenamiento de Otilia; tanto, que sin que ella lo percibiera había dejado de ser niña. Al principio pasaban juntas la jornada, identificando plantas medicinales, ciertas orugas, hormigas y otros insectos útiles; también cortezas, raíces y tallos, flores y resinas, así como huevecillos de insectos y de reptiles. En la siguiente etapa se limitó a conducirla hasta el bosque, y esto, sólo si se trataba de buscar yerbas muy especiales en parajes intrincados y ocultos. Una vez ahí, la soledad no existía para Otilia ni jamás un sobresalto perturbó el diálogo simple y ágil entre su espíritu y el espíritu del bosque. Con los árboles no había humillaciones ni riñas, jamás congojas; en su compañía el tiempo se deslizaba a hurtadillas y, sin advertencias, abría de golpe las compuertas a las sombras. Innumerables fueron las ocasiones en que, sin encogérsele el corazón, emprendiera el retorno a la cabaña ya bien sazonada la noche.

Pero ahora, Otilia había estado vagando por la ladera boscosa que daba frente a la ventana de la habitación que ocupaba Thomas, y en vez de alejarse hacia donde solía encontrar las yerbas medicinales, se acostó en la hojarasca del pinar. Dejó en libertad su imaginación y vio a sus hermanos caminando hacia la aldea, mientras su pecho se iba llenando de una impaciencia al mismo tiempo dolorosa y placentera, muy alejada de sus arranques infantiles, que la obligó a ponerse de pie.

La inquietud que la había habitado desde la madrugada y durante la recolección de chepiritos se transformó en pregunta tan pronto estuvo con su madre.

- ¿Ya está mejor? –inquirió escuetamente.

- Sigue ardiendo en calentura –contestó, afligida- Oye, hija: mientras llega el Curandero, ve a traer unas ramas de toronjil y árnica. Las pones a cocer en la olla, luego remojas en ella un lienzo y, calientito, se lo pones en la pierna. Yo voy a seguir lavando la ropa.

Otilia era volátil cuando salió de la cabaña; parecía una bandera que a toda asta exhibiera por primera vez los colores, atributos y simbolismo de su geografía. Su garbo, algo montaraz, delataba a la hembra que ya no cabía en la niña que se había aferrado a juegos inofensivos. El sólo pensar en los fomentos que le aplicaría a Thomas le cortaba la respiración con el cuchillo del placer anticipado.

Descendió la ladera internándose directamente en la milpa, en lugar de rodearla por el sendero. De pronto, un torbellino de hojas trituradas la envolvió como un capullo. El oleaje de su falda dejaba expuestas sus piernas al ávido tacto de la tolvanera en cuyo vórtice comenzó a girar y, mientras giraba, subía y bajaba ansiosamente los brazos como para elevarse con la espiral que se ensanchaba en lo alto hasta deshilacharse. Experimentaba un alborozo vesánico imaginando que las hojas secas eran mariposas con las cuales ascendía aleteando como una más. Al disiparse el torbellino, su fantasía también se esfumó y volvió a la realidad.

Con una rama de árnica en la mano regresó al seto de retamas, donde había un macizo de toronjil y lavándulas; aspiraba con placer la fragancia de éstas al tiempo que entraba a la cocina con el manojo de yerbas medicinales.

Comenzaba a ronronear la olla en la lumbre cuando recordó que iba a necesitar un lienzo para remojarlo en el brebaje. Tal como su madre lo hacía en casos semejantes, se dio una palmada en la frente y corrió en su busca, imaginándose curandera experimentada, casi milagrosa, al cuidado del enfermo. Retiró la olla del fuego sin protegerse la mano y Elodia irrumpió en la cocina adivinando al punto qué había ocasionado el alarido de Otilia.

- Eso te pasa por no tener cuidado –le dijo mientras le untaba de un aceite denso que había tomado de un pequeño canuto de carrizo- No te mojes la mano hasta mañana ¿eh?... ¡Cuidado se te vaya a olvidar!

Otilia suspiró al mirar a través de una lágrima cómo tomaba su madre la olla protegiéndose la mano con un lienzo, pues se le figuró que el lienzo era el jilguero que cantaba en su pecho, pero había volado de su mano a la mano de su madre.

Ya toda la familia se hallaba en la cabaña cuando el Curandero llegó. Deletreó minuciosamente las articulaciones de su mano izquierda, comparó el color de sus uñas con el de las uñas de Aurelio y al final le revisó la pierna izquierda, cuya hinchazón purpúrea le hizo fruncir el entrecejo; y lo frunció aún más al reconocer el síndrome de la gangrena.

Thomas entreabrió un momento los ojos y, como si el rostro del Curandero le fuera familiar, regresó a su inconsciencia con una sonrisa de confiado abandono.

Mientras esculcaba su morral, el Curandero habló a los esposos, quienes en la penumbra del cuarto esperaban silenciosos.

- Las curaciones le van a doler mucho y va a tardar bastante en sanar.

- De los males el menor —comentó Aurelio y agregó aclaratoriamente- Digo: pues la de buenas que llegó aquí y no a la aldea…

- Sí, te entiendo —confirmó el Curandero, empeñado aún en la selección de los tarritos que traía en el fondo de su morral- Pero una cosa es que lo sepan en la aldea y otra muy distinta que éste nos resulte un entrometido. De todas maneras, él no podrá moverse de aquí una buena temporada. Hagan de cuenta que es un niño chiquito, pues lo tendrán que cuidar de día y de noche.

- Lo que tú mandes —dijeron los esposos, pero en su contestación se traslució cierto titubeo.

- ¡Todo saldrá bien! —aseguró tranquilizador el Curandero, siempre sin mirarlos. Revisó en silencio los tarros que tenía en su mano y después continuó- Para que a ustedes les cale menos la espinita de la desconfianza voy a darle a beber esto. Ya verán si saca o no lo que trae dentro de su cabeza y de su corazón.

Ese tarro contenía una mixtura de floripondio, hongos y cactos deshidratados. El Curandero vertió una pequeña dosis en la tisana de toronjil y se la dio a beber a Thomas. Segundos después, éste sufrió un estremecimiento prolongado pero decreciente, al término del cual parecía completamente lúcido. El Curandero se apresuró a formular la primera pregunta, pues el efecto soporífero del alcaloide muy pronto se sobrepondría al desbloqueador nervioso que lo induciría a contestar con veracidad a cualquier pregunta. Thomas le informó a cerca de su país, su familia, su nombre, profesión y edad, así como para quién trabajaba.

Al Curandero le interesaba saber de modo especial qué intereses lo habían empujado a tan lejanas comarcas, y como en los datos biográficos se mostraba sumamente prolijo lo interrumpió con otra pregunta:

- ¿Qué andabas haciendo que estás tan aporreado?
- El coche cayó al precipicio... Lo empujaron. Las Cihuateteo lo empujaron... ¡Querían matarme!

El Curandero pensó que estaba desvariando y se apresuró a preguntarle:

- ¿Alguien te acompañaba?
- Una muchacha bondadosa... muy linda... linda –Poseído por súbita agitación agregó- ¡Muchas mujeres!... ¡Cihuateteo!

Desconcertado por la manera de contestar, el Curandero le formuló sin rodeos la pregunta que más le interesaba. Thomas la contestó arrastrando las palabras:

- La ruta migratoria... Busco el lugar donde concluyen su vuelo –prolongando la última vocal se interrumpió.
- Esos pájaros se llaman... -Trató de inducirlo
- Pájaros no –Replicó pesadamente.
- ¡Ah!, pero vuelan... ¿Verdad? –suavizando la voz intentó animarlo a continuar.
- ¡Vuelan!... Sí... ¡Cihuateteo... Cihuateteo! –exclamó con voz desmayada y la mueca de terror que apareció en su rostro fue desvaneciéndose según descendía a lo más subterráneo del sueño.

Para Elodia y Aurelio todo se había aclarado. Por su modo de hablar, Thomas era uno de esos naturalistas extranjeros, quizá ornitólogo, de quienes en alguna ocasión les había hablado el Curandero. Pero ¿por qué había nombrado a las Cihuateteo? ¿Acaso sabía de su existencia?... Si en verdad se refería a ellas podía considerarse afortunado, pues nadie que hubiera tenido la mala suerte de encontrárselas había vivido para contarlo; él, cuando mucho, perdería sólo una pierna.

Entretanto, el Curandero rumiaba la amargura de su fracaso. Un sentimiento de culpabilidad lo demolía. No había sido capaz de formular la pregunta adecuada y, por lo mismo, continuaba ignorando qué buscaba Thomas y para qué.

A pesar de que la sustancia desbloqueadora del brebaje inducía a responder con veracidad a quien lo bebiera, la mente de Thomas había escamoteado la información ocultándola tras una idea obsesiva: Las Cihuateteo.

A través de las rendijas de las paredes la tarde curioseaba el rostro taciturno del Curandero; también Aurelio y Elodia lo observaban sin atreverse a interrumpir su grave monólogo mental.

La renuencia a contestar sin repliegues ni tropiezos como efecto de la droga suministrada era algo sin precedente – pensaba el acongojado Curandero- El que esconde a los demás sus intenciones es una fiera siempre en acecho- murmuró, concluyendo.

-¡Mande! –dijo Aurelio, solícito, creyendo que se dirigía a él.

-Eh… No, nada. De tanto que pensaba, un pensamiento se me salió por la boca.

- Pero dinos qué piensas… Ya nos está preocupando el verte preocupado -intervino Elodia con un tímido matiz de ironía en su voz.

- Me late que este hombre nos va a acarrear problemas – declaró agorero, y sin poder ocultar su pesadumbre agregó-; pero no sabría cómo evitarlos.

- Pues no lo cures –sentenció tajante Aurelio y agregó resuelto- Si no hay de otra, yo mismo lo llevaré cargando al abismo del silencio. Los zopilotes se encargarán de borrar su rastro.

- ¿Y qué remediaríamos? –replicó el Curandero arrepentido de su indiscreción- No podríamos hacer eso cada que un extraño se asomara por acá ¿verdad? El problema está en que no sabemos qué anda buscando; pero sea lo que sea debe interesarle bastante.

La carga inmovilizadora de estas palabras era insoportable para Aurelio. En su cerebro se agolpaba una multitud de sugerencias pero no lograba deslindar una sola de las demás.

- Pero ¿en qué puede perjudicarnos este hombre? -intervino Elodia.

El Curandero contrajo lentamente sus párpados como para exprimir la luz que le había entrado por sus ojos.

- ¡Qué diera por saberlo! —exclamó con un suspiro. Caminó hacia la ventana con pasos lentos, apoyó un brazo en el alféizar y dejando vagar su mirada por el bosque continuó como si estuviera orando ante el altar de las ofrendas.

- El ciempiés seguirá caminando aunque yo le ampute una de sus patas... Esto lo sé. Y ¿qué pasaría si no lo hago?...No lo sé; pero si quisiera podría cortársela, si no me diera miedo. Todas estas cosas las paso y las repaso en mi cabeza, ahora y desde antes... ¡Sólo Dios hace o deja de hacer sin ningún miedo porque sabe de antemano lo que sucederá! Pero por más que yo me lo imagine, no sé qué va a pasar si curo a este hombre o si no lo curo. Si no lo curo, de todos modos el ciempiés seguirá caminando aunque le falte una pata. Si tú fueras el ciempiés, ¿qué harías si yo te arrancara una parta?

Como cada uno por su parte esperaba que el otro respondiera sobrevino un silencio embarazoso, especialmente para Aurelio. Comprendía lo que el Curandero acababa de decir, no hacia donde se dirigían sus razonamientos. Le incomodaba preguntarle porque si bien en ocasiones su manera de hablar no era muy clara para él y sus razonamientos demasiado lejos de su alcance, al final todo adquiría un sentido. Ahora que, si el Curandero se fijara en sus ojos, leería en su mirada las preguntas que la prudencia impedía fueran formuladas por su boca; pero se hallaba tan absorto que todo cuanto lo rodeaba parecía inexistente para él.

- Curándolo —continuó el Curandero- muy pronto conoceremos de qué tamaño será su poder; si beneficioso o perjudicial... Nos guste o no, él está en nuestras manos; nos guste o no, ya se metió en nuestro destino... Aunque también nosotros en el suyo. Sobre un muerto no podemos influir, pero a lo mejor el muerto sobre nosotros sí, ya que el ciempiés sigue caminando aunque esté rengo.

Discurriendo de ese modo, el Curandero se aproximó al enfermo que dormía como anestesiado. Había supuesto que

Aurelio, siempre aportativo y vehemente, se desbordaría en sugerencias; pero no fue él sino Elodia quien intervino.

- Bueno, pues cúralo con tu sabiduría y nosotros por nuestra parte vamos a esmerarnos en atenderlo como lo indicaste. Lo chiquearemos igual que a una criaturita -titubeó y, sonriendo más bien para sus adentros, agregó- ¡Quien quita y se quede con nosotros para siempre!

Aunque nunca exhibía su cariño por Elodia, Aurelio la oprimió levemente contra su pecho pensando que sólo a ella, por ser mujer, le era dado encontrar el atajo más directo para llegar a la solución más simple: atar a Thomas con el lazo del amor. Sin duda, en "Lo chiquearemos" intervendría toda la gente de la aldea, en especial las muchachas. Y cuando Aurelio pasaba revista mental de ellas, imaginándose en el lugar de Thomas, el Curandero lo llamó pues iba a iniciar la curación.

Con mano firme, el Curandero practicó una cisura en la pierna tumefacta del enfermo: ninguna emoción era capaz de alterar su pulso, así fuera el asombro que le había causado la efusiva aprobación de Aurelio a la insólita proposición de Elodia. Como el de Aurelio, su pensamiento se dirigía en el sentido de atribuirle a la mujer la clave para descifrar los complicados jeroglíficos del corazón del hombre y la destreza para hacer de él un instrumento que vibrase de pasión; pero la sonrisa de Elodia fue la encrucijada de las conjeturas de ambos. Para el Curandero el significado indudable de esa sonrisa había sido el de que ella se ofrecía como carnada para Thomas.

- "Por sí o por no -pensó-, más vale andar con pies de plomo... No sea que a la hora de la hora Aurelio reviente el cincho".

CAPÍTULO IV

Despertó sintiéndose vacío, con una levedad que lo ponía a merced de las irrealidades que en oleaje sucesivo le mostraban sus ojos: las heridas luminosas de la pared de tablones, las flores gigantes de la cortina de la ventana, el catre desdibujado en la penumbra del rincón a su derecha y, opuesto a éste, la puerta cerrada. Fugaz pero nítida, concibió la esperanza de que él no fuera él cuando palpó su pierna sin que se reportara en toda su crudeza el dolor; pero al deslizar los dedos sobre los vendajes fue descubriendo, contra su voluntad, que él sí era él.

La densidad de la luz le pareció repulsiva emulsión que, al aspirarla, provocaba en su vientre un motín; aguantó con furia la respiración, persuadido de que si no lo hacía, el aroma a madera lo asfixiaría. Se sentía como un fardo sumergido, cuyo peso le impedía alcanzar la superficie libre de ese olor e intentó incorporarse; pero un desgarre en su carne le arrancó un gemido que despertó al joven dormido en el catre. La pugna entre su dolor y la modorra le saboteó el ruido del catre cuando el muchacho que se hallaba acostado en él se paró de un salto para de inmediato dirigirse hacia la ventana y abrirla. Sus ojos quedaron sumergidos en la bocanada de luz y cuando volvieron a emerger de sus párpados, el desnudo mocetón se hallaba frente a él.

Mientras el muchacho se vestía apresuradamente, miraba de reojo a un Thomas que, aturdido por el agudo fragor de su sangre, sólo atinó a observarlo con la envidia de un lisiado; luego parpadeó repetidas veces y cuando se disponía a dirigirle la primera pregunta, el joven ya había salido de la habitación.

Bastó un instante para que la acreción de su incertidumbre lo orillara a la angustia. Supuso que la premura del joven había sido premeditada con la intención de mantenerlo en ascuas. Si fuera así, por lo menos debió saludarlo, decirle quién era, darse un poco de tiempo para que a su vez le preguntara algo y así escuchar su voz; le hubiera pedido un trago para lubricar las trabadas mandíbulas y, sobre todo, le hubiera suplicado que lo desatara de la cama. Había salido como escapándose, huyendo de la jauría de preguntas que lo perseguía inútilmente. De pronto, al descubrir que se encontraba tan desnudo como el muchacho había estado, la mortificación de un pudor tardío lo hubiera acribillado con otro género de interrogantes si una voz no lo impidiera:

- ¡Buenos días... buenos días! —canturreó Elodia al entrar con un plato de comida, seguida por Aurelio, Oscar y Hugo.

- ¡No!... no te vayas a mover tú solo —ordenó Aurelio, y con la ayuda de Hugo lo acomodó adecuadamente para que pudiera comer.

Entonces se percató de que nada lo mantenía sujeto al lecho, simplemente que con sola su voluntad era incapaz de movilizar sus miembros; en cambio el olfato sí pudo vivificar su hambre aletargada. Abría la boca con una confianza improvisada cada vez que Elodia le acercaba la cuchara, pero sus ojos se abatían bajo el peso de la vergüenza por su invalidez. Sentía sus miembros desarticulados, sus músculos inertes y también comenzó a sentir una ternura dudosa hacia esa mano que con abreviado revoleteo le acercaba el dulce puré, o el vaso del cual sólo le permitía un sorbo entre cucharada y cucharada. Y entre cucharada y cucharada se volvió a quedar dormido.

Llegaba a su fin el día cuando volvió a despertar. Hugo escrutó al vuelo sus ojos azules y salió sigilosamente del cuarto. No tardó en regresar con Elodia y el Curandero. Al acomodarlo en la posición favorable para examinarlo, el Curandero le exploró con energía la pierna izquierda y como Thomas respingara le preguntó:

- ¿Te dolió mucho? –la vacilación de Thomas corroboró lo que había supuesto- Pero no tanto como antes de que llegaras aquí, ¿verdad?... ¡Bien! Te voy a hacer otra curación después de que comas.

En esta, como en las numerosas tardes que siguieron, el Curandero vertió en la tisana habitual cinco gotas de un narcótico tan poderoso, que el intenso dolor que debiera sentir cuando le practicara las curaciones no dejaba la más leve huella en la sensibilidad del paciente. Sobrevenía después un estado de inconsciencia residual semejante al duermevela de sus viajes en tren. Soñaba con lentitud sueños fragmentarios y obsesivos. Cada que despertaba, aturdido y sediento, creía arribar a alguna estación donde una mujer le daba de beber y a veces algún bocado.

Aunque Otilia sabía que el único alimento que ingería Thomas era a base de los chepiritos que ella llevaba, nada le hubiera gustado tanto como desempeñar junto al enfermo alguna función; pero sabía que por encima de sus preferencias estaba su compromiso con el bosque, y al bosque se encaminaba sintiendo que le habían arrebatado algo muy suyo, cuya pérdida le dolía. Reñía consigo misma deseando encontrarse en dos lugares a la vez, y esta rabia atizaba el encono de un resentimiento enemistado a muerte con el raciocinio. La sulfuraba constatar que ni siquiera su madre le tendiera la mano para conducirla al sitio anhelado, ese lugar que precisamente ella le había usurpado. Infinidad de veces quiso proponerle: "Ve en mi lugar al bosque y yo tomo el tuyo en la casa" y otras tantas se mordió los labios, temerosa de lo que podría decirle su madre, o de lo que hubiera pensado a cerca de su repentino interés por permanecer en la cabaña.

Al menos no le habían prohibido el acceso al cuarto de Thomas. Procurando pasarle inadvertida al guardián en turno se colaba sigilosa; ahí permanecía en muda memorización de su rostro hasta imaginarlo mirándola a través de sus mechones dorados, opacos y revueltos, o creyendo escuchar su voz a la vez suave, tibia, acogedora, que la abrazaba para elevarla hasta alcanzar la nube más alta, fuera del alcance de los demás. Se dejaba llevar en silencio, sin decir nada, porque él conocía al detalle la causa de sus congojas y de su vasta y empedernida soledad, soledad que, sin embargo, hallaba un alivio ahí, con él, y por eso lo contemplaba desesperadamente para, cuando debiera salir del cuarto, prolongar ese paliativo con el acopio que había hecho de su presencia. ¿Qué sucedería con ese ilusorio consuelo si el durmiente despertara?; entonces, ¿qué haría? Otilia no le encontraba respuesta a esta pregunta, así como tampoco supo qué contestar cuando la voz de Oscar la arrancó de su arrobamiento:

- ¿Qué tanto le ves, boba?

Otilia torció la boca despectivamente y con enfático desdén salió lentamente de la habitación dejando a Oscar con la sensación de haberse quedado inerme y degradado.

Oscar reanudó la lectura del libro de terapéutica que el Curandero le había asignado recientemente y cuando más absorto se hallaba llegó Elodia con la comida para el enfermo.

Siendo la única mujer que Thomas había visto desde su llegada a la cabaña, su rostro era el protagonista de sus sueños febriles, aunque cada vez menos inquietos. En esos sueños, la mano de Elodia le acercaba a sus labios resecos no los alimentos cotidianos de la realidad sino el cuenco rebosante de agua que le apagaba la sed en medio del bosque; era ella la protectora muchacha silenciosa, de ella era la voz que cincelaba las palabras que él agradecía besándole las manos.

Muy pronto su gratitud fue adquiriendo tintes de exigencia, pero por su propia incapacidad de mantenerse despierto lo hacía sucumbir, si bien estrujado por una rabia que terminaba por diluirse en el esfuerzo de continuar soñando el sueño que siempre cercenaban inoportunos despertares. Sus escuetas vivencias, aún las de profunda impronta, le parecían fragmentos de sueños recordados con dificultad. La diaria presencia del viejo médico, el rostro inquisitivo del otro hombre, los dos jóvenes que aparecían y desaparecían alternadamente, todos eran episodios satélites del sueño descollante, reiterado, en el que su mano y la de Elodia se traslapaban osadamente al llevar la cuchara hasta su boca.

En esa sucesión de noches en retazos engarzados con trocitos diurnos, no era el tiempo lo que su mente computaba sino la gradual resurrección y dominio de sus movimientos, y cuando creyó poseer energía de sobra para dejar la cama, el plexo solar lo refundió en un horno sofocante, y se desplomó sobre la cama empapado en sudor.

- No te desanimes —le dijo Oscar con endeble compasión- verás que ya muy pronto podrás hasta correr.

La compasión no halló lugar en el Curandero. Esa tarde lo reconvino severamente advirtiéndole que si reincidía, pondría en peligro el tratamiento. Thomas le escuchó con atención y su interés fue aún mayor cuando el Curandero le explicó que como el reposo absoluto polarizaba la energía vital de todo el cuerpo hacía los tejidos en proceso de regeneración, se le había estado induciendo un letargo similar al de la fiebre —sin los estragos de ésta- mediante dosis benignas de sedantes solubles cuyo efecto se volvería tóxico si en los momentos de lucidez forzaba sus células a convertir su energía en movimiento.

- Sólo si alguien te ayuda podrás levantarte de la cama – concluyó el Curandero- y esto por un ratito nada más; si no lo haces así, peor para ti.

Mientras el Curandero hablaba, Thomas cayó en la cuenta de su inconsciente mutismo y trató de encontrarle explicación. Primero lo atribuyó a su propia abulia; después, al prejuicio de que sus preguntas —pues sólo preguntas se le ocurrían- fueran impertinentes o bien, como en el caso presente, porque hubiera sido absurdo preguntar por qué se la pasaba durmiendo todo el tiempo, habiéndosele anticipado la respuesta. Cualquiera que fuese la razón, el resultado era que habían llegado al extremo de ahorrarle hasta el esfuerzo de hablar.

- "¿Cómo… Con qué los recompensaré?" – fue el pensamiento recurrente en sus escasos momentos de vigilia.

De una inspección sucinta de la habitación aventuró el diagnóstico general de la cabaña. A su juicio, los muebles eran míseros y escasos, desprovistos de detalles decorativos; hasta pensó en alfombras y lámparas. En otra ocasión supuso que con seguridad todos se veían obligados a dormir desnudos para evitar el desgaste de sus vestimentas. Afortunadamente eran muchas las carencias que había descubierto y, por consiguiente, numerosas las alternativas para demostrar su gratitud.

- Quizá lo mejor sería el dinero... -Murmuró.

No se encontraba en condiciones de cuantificar –como más tarde lo estaría guiado por las reflexiones del Curandero- la desproporción entre su vida y los objetos materiales con los cuales pretendía pagarla como si de un finiquito se tratase, ni que esa gratitud farisea no era sino la ingratitud embozada con el ropaje de las dádivas, grotesco remedo de la gratitud genuina.

- Estoy en deuda con toda tu familia –le dijo a Elodia en una de sus breves vigilias-, en particular contigo.

- No digas sandeces –le ordenó con suavidad- Nada tienes qué agradecer... Y menos a mí.

- A ti más que a ninguno –replicó convencido- ¿Quién de no haber sido tú me hubiera salvado de morir?

- No fui yo sino Otilia. Mi hija te encontró más muerto que vivo entre la milpa.

- ¿Otilia? – La extrañeza de Thomas fue doble porque ignoraba la existencia de Otilia y porque, a juzgar por la juventud de Elodia, su salvadora debía ser una niña- ¿Cómo supo la niña que yo me encontraba allí?

- De pura chiripa, pues yo la mandé a traer un poco de leña.

- A Otilia todavía no la... -la frase se derrumbó al abismo onírico.

Desde que el Curandero lo autorizó a dejar la cama sin la ortopedia de sus jóvenes guardianes se paraba muy temprano, abría los postigos y permanecía junto a la ventana hasta que el bosque entraba por sus ojos a neutralizarle los brotes recurrentes de impaciencia y nostalgia, o hasta agotar la impresión ilusoria de que su vendaje era de niebla en girones, propensa a esfumarse al más leve soplo. Absorto en sus fantasías, ningún interés tenía para él la muchacha que a diario descendía por la arbolada ladera con una canasta colgada del brazo. Fue dos días después de que Elodia le hablara de Otilia cuando, al distinguirla en la lejanía, sin tener conciencia de sus palabras preguntó:

- ¿Aquella es Otilia?

- Sí – Contestó escuetamente Oscar sin interrumpir su lectura.

- ¿En serio? Yo imaginaba que era una niña –comentó dubitativamente- de entre ocho y nueve años, cuando mucho.

- No, pues te equivocaste redondamente. Ya tiene catorce – después de una pausa agregó con ironía- Como siempre que ella viene tú estás dormido, no la has visto de cerca. Fue ella quien te encontró derrumbado en los surcos de la milpa y después la que se empeñó en que te pusieran en su cuarto, por eso cree que le perteneces y que su obligación es estar al pendiente de ti. Total, que no ha dejado de venir un solo día durante todas las semanas que tienes aquí.

- ¡Que ya son muchas! –Exclamó con pesadumbre por el tiempo perdido- Hace dos semanas, el Curandero dijo que en nueve días sería posible que comenzara a salir de esta habitación.

- Pero tú tienes la culpa de que vaya a ser más tiempo – acusatorio y francamente hostil, Oscar agregó- A poco ya se te olvidó lo que hiciste.

- Daría cualquier cosa por andar errante entre los árboles – manifestó, eludiendo la acusación, cuando ya había retornado a la cama- ¡Cuánto envidio a tu hermana!

La sonrisa malévola de Oscar fue un comentario ininteligible para Thomas quien, pasándolo por alto, insistió:

- Dime Oscar: ¿qué hace Otilia tan temprano en el bosque?

Oscar bordeó, cauteloso, la pregunta. De sus pláticas privadas con el Curandero recordó sus palabras: "Es más fácil aguantar en la boca una papa caliente que mantener adentro las palabras"; pero esta sentencia entraba en conflicto con su insistente recomendación: "Sé atento y amable con Thomas". Se le presentaba, pues, un dilema al que debía encontrar una solución conciliadora.

- Otilia va al bosque todos los días a recoger chepiritos–
Contestó, haciendo un esfuerzo por dominar una sensación de
disgusto- Aunque se va de madrugada, a veces se tarda; pero
hoy está regresando más temprano porque... ¡No te lo puedo
decir!

- De acuerdo. Pero ¿por qué debe ser a esa hora? –insistió, si
bien con cierta vacilación.

- ¡Hombre!, pues porque es más fácil –contestó enfatizando
con un ademán lo que para él era obvio.

Lo esquemático de tal explicación puso en guardia a
Thomas sobre el procedimiento que emplearía para salir de la
siguiente duda y dio por descontada la formulación directa de la
pregunta, sospechando que Oscar le diría: "Cómo que qué son los
chepiritos. ¿No los has visto cuando te los comes?" Entonces, el
recurso que le quedaría sería el de las conjeturas. Sabía que los
mexicanos aplicaban por gusto el diminutivo, aunque en este caso
era probable que "chepirito" aludiera a la etapa temprana de un
animal de mayor tamaño. Como la única opción para averiguarlo
era mediante rodeos, con intencional ingenuidad volvió a la
carga:

- Oye, ¿cómo se recogen los chepiritos?

Al irrumpir en la habitación, Elodia escuchó la destemplada
respuesta:

- Ese es quehacer de mujeres... ¿Cómo voy a saberlo?

- ¡Vaya... vaya!: estos sí que son buenos días –al darle a
Thomas el vaso de leche agregó- Según parece, ya te anda
por participar en algún quehacercito. ¡Qué bueno, me da
mucho gusto!... No más acuérdate de una cosa: ¡Nada de
imprudencias!

- Yo... No... ¡Buenos días! –balbuceó, sintiéndose
molestamente sorprendido in fraganti, y ensayó una justificación-
Le estaba preguntando...

- Sí, está bien –lo interrumpió Elodia- no más no comas
ansias. ¿Quieres acompañar a Otilia?... Si te gusta madrugar
y obedeces todo lo que ordene el Curandero... eso será muy
pronto. Para empezar, desde hoy podrás salir a comer con

nosotros en la cocina. Ya era hora ¿verdad?... Oscar: tráele la ropa limpia y le ayudas a vestirse.

A Thomas no le había pasado inadvertida la reanudación paulatina de ciertas funciones fisiológicas del todo inhibidas, entre ellas la de hablar, pero no atinó a expresar lo que sentía en ese momento. Hubiera abrazado a Elodia de no interponérsele la cama; en su lugar, desahogó su alegría abrazando efusivamente al perplejo Oscar.

Cuando llegó a la cocina, todos, excepto Otilia, se hallaban sentados en torno a la mesa; ella se hallaba junto al fogón sacando de una enorme olla de barro los humeantes nacatamales, comida especial con la que estaban celebrando el acontecimiento. Cuando la batea donde los iba acomodando estuvo rebosante la llevó a la mesa.

Indecisa, balanceó la silla titubeando al sentarse y sin atreverse a levantar la mirada, a pesar de lo mucho que deseaba posarla en Thomas. Tenía grabado en la memoria su rostro, pero esa imagen había sido un hurto cotidiano perpetrado por sus ojos, esos mismos ojos que ahora, agazapados detrás de los párpados, al menor descuido la delatarían culpándola de alevosía al abusar de un rostro entonces indefenso.

Oscar presentía diversión. Hugo, sin maliciar el origen de esa diversión, se hallaba en ascuas. Los personajes ya estaban en el escenario, pero su actuación se difería acrecentando el suspenso hasta el límite. Algo tendría que suceder cuando Otilia levantara la mirada; tarde o temprano mostraría sus ojos, aunque por lo pronto pareciera empeñada en atormentar a Oscar con una espera superflua. Un comentario inesperado de Thomas derrumbó su excitación en la profundidad del desencanto:

- ¿Y Otilia? Yo esperaba que estuviera aquí para...

- ¡Ah qué cabeza la mía! —interrumpió Aurelio; tragó apresuradamente el bocado y agregó- No me acordaba que no la conoces. Mira: ella es mi hija, la mayor.

"Sí, claro, evidentemente la señorita es mayor que los otros dos hermanos", pensó Thomas resistiéndose a creer que había escuchado bien. Si, como le había dicho Oscar, tenía sólo catorce años, era imposible que esa muchacha fuera Otilia. A menos que...

- ¡Ajá! –exclamó ufano de poder cobrarse lo que creyó una broma que le había jugado Oscar– Con que Otilia tiene catorce años, ¿No?... Sospecho, Oscar, que querías curarte en salud. ¡Ja, ja, ja!

Desconcertado por la carcajada de Thomas, Oscar sólo atinó a mirar interrogativamente a su padre; pero Aurelio, que se hallaba en las mismas, le dio un sorbo al atole para despejarse la boca y tratando de no ser brusco le dijo a Thomas.

- Discúlpanos, pero no entendimos el chiste.

- En realidad no es un chiste –aclaró Thomas con la misma animación-, sino más bien un cumplido. Para mí que Oscar me ocultó la verdadera edad de su hermana porque no le gustaría ser mi cuñado.

En efecto, a nadie le causó gracia sino perplejidad. También a Otilia, sólo que en ella fue como la inauguración de un halago inmenso, estremecedor, que la colmó de orgullo. Su rostro esponjó el plumaje, liberado del recato, y mostró a Thomas su mancuerna de coyotes.

Thomas perdió su presencia de ánimo. Los ojos de Otilia lo penetraron aturdiéndolo con la violencia de un alarido: ¡Cihuateteo, Cihuateteo!, resonó en su cabeza y tuvo que apretar los puños debajo de la mesa para sobreponerse. Su estupor le pasó inadvertido a Oscar, mientras que a Aurelio no; pero éste lo atribuyó a la incredulidad.

- Otilia es más espigadita que las muchachas de su edad – comentó deseando sacar a Thomas de su perplejidad-; pero así como la ves, mi hija tiene catorce años, no más, tal como de seguro te dijo Oscar.

Aunque la sencillez del vestido de Otilia no conseguía ocultar sus pechos en franca floración, ni las armoniosas redondeces de sus caderas sostenidas por una cintura subrayada por una cinta de cuero, Thomas se hallaba cautivo de aquel rostro alternativamente pavoroso y fascinante, en cuyo gesto infantil atisbó una sonrisa diluida en la amplitud de la tristeza que palpitaba con resignación en sus ojos ilimitados. Cuando pudo liberar de ellos su mirada, la dirigió a Aurelio, y éste, que aún estaba esperando de él un comentario relacionado con Otilia, al notar que continuaba callado le dijo:

- ¡Sigue comiendo, hombre!, luego no vayas a andar diciendo que te matábamos de hambre.

- Perdón... - dijo Thomas despabilándose como si recién despertara.

- ¡Con confianza!; ya sabes que estás en tu casa. Además, de ti depende que mañana o pasado te des una vueltecita por el huerto, o si quieres al bosque, a la cascada... ¡O qué!: ¿No te gustó la comida?

- Muchas gracias –interrumpió Thomas esta vez-; la comida está deliciosa... Por favor, perdónenme si les parezco indiscreto, pero los ojos...

Se interrumpió porque algo en la expresión de Oscar le coartaba su espontaneidad; la presión de un acoso lo obligaba a circunloquios cautelosos para evitar la trampa del ridículo.

Aprovechando su vacilación, Elodia se apresuró a intervenir.

- A poco no son bonitos los ojos de mi hija.

- ¡Huy, sí: re-que-te bonitos! –exclamó Hugo.

La carcajada de Oscar desconcertó al propio Hugo, cuya intención había sido apoyar lo dicho por su madre.

Mientras Aurelio imponía el orden con un gesto dirigido a los inquietos jóvenes, Elodia reanudaba su intervención.

- Aunque nunca falta alguien de mal corazón que opine lo contrario, yo le he aconsejado a Otilia que no se mortifique, que no tome en cuenta lo que esa gente diga.

- Comprendo –dijo Thomas solidario por obra de las palabras de Elodia-; sin embargo, yo...

- Sí, sí, ¡claro! –Interrumpió Elodia con precipitación-; los ojos de mi hija así, de buenas a primeras, te destantearon como a cualquier persona que nunca antes los hubiera visto.

Mientras escuchaba, Thomas miraba furtivamente a Otilia; su aparente indiferencia adquirió en su imaginación matices inequívocos de desoladora congoja, y sobre la pugna que en su pecho entablaban la fascinación y la repulsión, brotó arrolladora la piedad, una intensa oleada de simpatía.

- Les suplico que me permitan decir tres palabras, por favor.

Tomó aliento y en esa pausa percibió meridianamente lo que antes no pasara de vaga sospecha: había entre los miembros de la familia una especie de consigna para que él hablara lo menos posible.

- Admito que sus ojos me desconcertaron; pero si a toda la gente le ocurre lo mismo que mí, Otilia padecerá siempre el insulto de las burlas o lo que es peor, una lástima degradante como la que inspiran los jorobados, los enanos…

Fatigado, Thomas hizo otra pausa, en esta ocasión sin temor a ser interrumpido pues adivinaba el suspenso en el rostro de los demás. Otilia lo miraba sin pestañear, con esos ojos como no los había visto en rostro humano alguno, sí en muchos insectos. Particularmente semejantes a los de las mariposas, su iris, de tan negro, se confundía con la pupila, mientras que la esclerótica era sólo un esbelto anillo de porcelana. No eran ojos brillantes ni luminosos; el mate de su negrura les confería una apariencia acuosa, sombría, apenas con el lustre de la obsidiana. Esos ojos desentonaban con la armonía de sus facciones, salvo por sus largas pestañas. Bastaría –pensó– remodelarlos quirúrgicamente, pues la cirugía era la varita mágica de las modernas hadas. O ¿acaso había algo imposible para la cirugía? –Thomas dudó pero saltó la duda- "¡Los pupilentes!… Sí: es otra solución. "

- Si ustedes me lo permiten, tan pronto como pueda ir a México me llevaré a Otilia para que le adapten unos lentes especiales con los…

Thomas no pudo concluir, sorprendido por la repentina fuga de Otilia y desconcertado por las carcajadas que convulsionaban a Oscar. No le cabía la menor duda de que se reía de él, pero no sabía por qué. Con la intención de que Elodia interviniera en su auxilio se dirigió a ella:

- ¿Por qué se ríe Oscar?
- Es que le da gusto… A todos nos da gusto que quieras hacer algo por Otilia –le contestó Elodia, ocultando la verdad, y volviéndose hacia su esposo agregó- ¿Verdad Aurelio?

- ¡Claro que sí! –Fue la escueta respuesta de Aurelio, pues estaba pensando en lo difícil que iba a resultarle ser complaciente con el fuereño.

Aunque a Thomas le parecía todo sumamente incomprensible, sonreía con desgano y su sonrisa simiesca contrastaba con las carcajadas de Oscar y Hugo.

Capítulo V

Se aproximaba sin prisa, pero resuelta, a la casa del Curandero. Cuando lo vio en el umbral de la puerta, con su sonrisa imperturbable y serena, titubearon sus pies y se le enredó la madeja de sus pensamientos. El Curandero percibió esa alteración y le hizo una señal llamándola. Era obvio que en lo encarnado de sus mejillas poco tenía que ver la agitación física, producto de la caminata, y sí otro tipo de agitación a tal punto violenta que sus mejillas amenazaban con estallar de tan rojas. Ira no podía ser, porque la ira la ponía lívida, él lo sabía muy bien. Pero ¿qué esperaba?, ¿por qué no se arrojaba en sus brazos como siempre que algo la ponía en jaque?; o ¿acaso no se trataba de otro de sus frecuentes estados depresivos provocados por la creencia de que sus padres no la querían?

El Curandero abrió sus brazos, y su gabán extendido arropó el cuerpo de Otilia.

- ¡Abuelo, abuelo! Hazme un lugar aquí, contigo... No quiero estar en la cabaña.

La ternura apretó con su delicada mano el corazón del Curandero. Nunca antes le había llamado "abuelo" ¿Cómo era posible que lo supiera? ¿Acaso la voz de la sangre era algo más que retórica sentimental? No, no debía dejarse llevar por la emoción que le provocaba esa palabra pronunciada por una necesidad de protección y no como consecuencia de una revelación, pues sólo si Otilia fuera clarividente podría saber lo que únicamente él había descubierto cuando sus ojos permanecieron inalterables.

Ojos así constituían un rasgo característico que, si bien no siempre, solía aparecer en la familia de los curanderos desde los tiempos más remotos. Como todo lo que se trasmitían entre ellos, el Curandero le había escuchado a su padre en términos de absoluto secreto que, allá por la época que colinda con la llegada de los españoles, una de sus antepasadas había desaparecido misteriosamente. Cincuenta años después, y coincidiendo con el retorno de las mariposas también ella había regresado... exhibiendo un aspecto juvenil idéntico en todo al que tenía antes de su desaparición, excepto en sus ojos, que eran como los de las mariposas. Había traído el conocimiento de las virtudes de los chepiritos, con la misión no sólo de ponerlo en práctica sino de cumplir con el compromiso de trasmitirlo a alguno de sus descendientes. Como ella no tenía hijos, el depositario de ese conocimiento sería el hijo de su hermano, pero sólo después de que éste hubiera cumplido con la condición que le impuso: fecundarla.

Cuando las mariposas emigraron —ya en la época virreinal- dejó a su hijo al cuidado de su padre y se fue con ellas para jamás retornar. Sin embargo, tiempo después había corrido el rumor de que no se había ido con las mariposas sino que, por el rechazo y la hostilidad de su gente, había preferido huir hacia la capital de la Nueva España, creyendo que los extraños la tratarían mejor que los propios. Terminó su vida en las hogueras de la Inquisición acusada de hechicera; pero su recuerdo ninguna hoguera podría destruirlo.

El Curandero guardaba memoria especial de la fundadora de su casta y también de todas las demás que le sucedieron; recordaba el nombre de cada una así como el desenlace de su vida, no siempre trágico, era verdad, pero el contemplar esa posibilidad lo hacía consciente de que en buena medida estaba en su mano evitar que el destino de Otilia fuera a ser de esa naturaleza. Debía, pues, neutralizar con su apoyo el repudio de que era objeto hasta por sus propios hermanos, en particular Oscar.

La propensión a proteger a Otilia y la real necesidad de que ella fuese protegida pendían de una decisión: conceder lo que ella le pedía. Pero esto se contraponía con la capacitación de Oscar. Era necesario esperar unos años más para que ambos maduraran, se dieran cuenta de que uno a otro se necesitaba, de que sus destinos se complementaban.

Temeroso de que Otilia optara por una salida semejante a la de sus predecesoras, el Curandero recurrió a una promesa:

- Voy a hablar con tus papás. Ya verás que ellos le pondrán remedio a lo que te sucede.

- No creo que puedan hacer algo –replicó, liberándose del abrazo del Curandero.

- ¡Cómo que no! –Exclamó frunciendo involuntariamente el entrecejo- ¿Por qué crees que no?

- Bueno… no estaría bien que regañaran a Thomas.

- ¡Ah!, se trata de él. A ver, dime: ¿qué fue lo que pasó?

- También él se burló de mí –El Curandero la miraba sin pestañear, esperando pacientemente a que Otilia se explayara pues no imaginaba a Thomas burlándose de ella. Después de prolongada vacilación Otilia exclamó poniéndose de pie- ¡Me quiere poner lentes!

Su rostro se había demudado al recordar la escena de la cocina. El Curandero advirtió que si no la persuadía de la inocencia de Thomas el rencor embrionario, ostensible en el gesto de ella entroncaría con el camino de la venganza.

- Yo creo que lo estás imaginando ¿Por qué había de querer burlarse?

- Eso no lo sé –Admitió y luego de reflexionar agregó- Después de lo que yo hice por él…

- ¿Y qué hiciste por él?

- Te lo voy a decir –Volvió a sentarse muy cerca de él, sin la más leve señal de disgusto y agregó con un dejo de complicidad-, pero no se lo cuentes a nadie. ¿Me lo prometes?

- Sí. Te lo prometo.

De estupor en estupor, el Curandero escuchaba la voz de Otilia, pausada, cálida, detallando a su sabor y sin la menor pizca de azoro. Por su parte, ella disfrutaba la complacencia que advertía en la expresión absorta del Curandero, sin sospechar que éste exclamaba para sus adentros: "¡Con que esas tenemos!... ¡Vaya con la muchachita!... De modo que guió a Thomas hasta la cabaña". Estos hechos daban al traste con todas sus especulaciones basadas en el designio como causa de la llegada de ese extranjero. Había sido guiado por alguien con la intención de salvarlo, si bien no por compasión desinteresada.

El Curandero sonrió para sus adentros. La niña había encontrado un muñeco y lo llevó a su casa para jugar con él; o ¿era la mujer que había despertado del sueño de la infancia? Si este era el caso, la presencia de Thomas favorecía sus planes. Había inspirado el primer amor de Otilia, lo veía muy claro, aunque descartaba la posibilidad no ya de que le correspondiera, ni siquiera que se diera por aludido respecto a los sentimientos de ella. Pero era lo de menos, porque habiendo sido el estímulo involuntario e inconsciente para que se iniciara en Otilia la madurez afectiva, esta madurez irradiaría hacia todas direcciones.

Aunque al Curandero no le pareciera fea y mucho menos repulsiva, comprendía que para Thomas, y quizá para toda persona extraña, otra fuera la opinión que se formara del aspecto físico de Otilia. Si, era muy posible que le hubiera desagradado, de lo cual no podría acusársele, pero sí de que se hubiera atrevido a manifestarle su desagrado. No, era imposible se mofara de ella, no sólo por su edad y su educación sino, sobre todo, porque esa actitud no compaginaba con el manifiesto afán por encontrar la manera de agradar a quienes le daban hospitalidad.

Un hecho fuera de toda duda era que la meta final del viaje de Thomas no era la aldea; probablemente tal meta se hallara en algún lugar remoto, hacia donde reanudaría su viaje en cuanto le dijera que se encontraba en condiciones de hacerlo. Por consiguiente, habría que aprovechar su presencia al máximo -ya que no sería duradera sino más bien breve- propiciando las situaciones que favorezcan los encuentros a solas entre él y Otilia. La timidez de ésta la salvaguardaba de cualquier riesgo, timidez evidente siempre que se encontraba en su presencia, y porque hasta ahora había ocultado no sólo a él sino a todo el mundo la identidad de quien lo había salvado de morir en el bosque... ¡Ni pensar en que llegara a caer en el descuido de permitirle atisbar en sus sentimientos más íntimos!

Titubeó un instante... ¡Todo era posible! Había que mantener el ojo avizor, sin parpadear siquiera. El riesgo aunque mínimo, existía, pero había que correrlo. Solamente hacía falta darle un empujoncito a Otilia.

- Te portaste como una persona adulta –dijo el Curandero cuando Otilia concluyó su relato-; lo que significa que ya no eres una niña. Quiero que sigas así, que ya no hagas niñerías, como esos berrinches y rabietas por causa de las burlas de los demás.

- Pero es que me ofenden.

- Te ofenden porque tú misma te avergüenzas de ser como eres. Ya es tiempo de que entiendas que no eres la única a quien los demás le ven defectos. Es verdad que todos los tenemos; pero debemos aprender a aceptarnos tal y como somos.

Dos lágrimas resbalaron sobre las mejillas de Otilia trasmitiendo una duda al Curandero.

- ¿Me prometes que te aguantarás las ganas de reñir cada vez que te imagines que se burlan de ti? –se apresuró a inquirir y como no recibiera de inmediato la respuesta recurrió al chantaje- Mira que yo prometí guardar en secreto lo que me contaste y sabes muy bien que voy a cumplirlo.

- Sí, abuelo, lo prometo –concedió Otilia, después de enjugarse los ojos. Luego agregó- ¿También cuando Oscar...

- Con Oscar especialmente –la interrumpió al ver que Aurelio se aproximaba- ¿No te das cuenta, tú que eres la mayor, que sus pleitos mortifican a tus padres?... Y mira: hablando del pan, aparece el panadero. Ahí viene Aurelio.

Después de saludar con el respeto acostumbrado al Curandero, Aurelio comentó dirigiéndose a Otilia:

- Todo me imaginaba, menos que estuvieras aquí.

- Infórmale acerca de lo que acabas de prometerme –dijo el Curandero animando a Otilia con una sonrisa-; que sea tu padre el primero en enterarse de que en delante, digan lo que digan los demás, tú no vas a hacer ningún caso, así sea la peor de las burlas.

- ¿Es cierto, Otilia?

- Sí, papá

- ¡Qué bueno, hija!, porque a veces sólo te lo imaginas. Nada menos ahora, el pobre de Thomas se apenó todito, cuando que ni siquiera le pasó rosando la intención de burlarse de ti y menos de ofenderte.

- Sí, ya me lo explicó él –dijo, aludiendo al Curandero y como ya no soportaba el azoro prefirió escabullirse- Bueno, ya me voy.

A toda prisa se alejó hacia al bosque mientras los dos hombres entraban en la casa.

- ¿Qué novedades hay, Aurelio?

Era la misma pregunta que a diario formulaba el Curandero cuando Aurelio lo visitaba antes de incorporarse a sus labores en el apiario. Siempre, después de ponerlo al corriente a cerca de lo que había acontecido en la cabaña, particularmente lo relacionado con Thomas, iba a saludar al anciano padre del Curandero.

- Me preguntó si contamos con teléfono y Banco, y yo le contesté que ni siquiera con el servicio de correo, pero que en Yoricostio sí.

- Todo lo que necesite para comunicarse con su gente se lo vamos a facilitar; pero espérate a que él lo pida. Creo que el hombre, por lo que me contaste, no es de mala entraña. A lo mejor nos hemos preocupado de más. El que esté pensando en la manera de comunicarse a su tierra me da buena espina… ¿Te acuerdas que el "licenciado" hizo todo lo contrario?

Al influjo de esas palabras el ánimo de Aurelio sufrió un vuelco de catástrofe, pero fue sólo un instante porque la antipatía resucitada dejó su lugar vacante a otro tipo de sentimientos que le insuflaron no sólo la tranquilidad perdida momentáneamente sino también la alegría con que siempre emprendía la jornada.

Cuando el Curandero se quedó a solas con su anciano padre, éste volvió a recostarse en el catre y el otro se sentó sobre el petate que hacía las veces de tapete. No obstante sus ciento y pico de años, el padre del Curandero conservaba su lucidez mental en el zenit y sus consejos y opiniones constituían invaluable alimento cotidiano para el Curandero.

- Al extranjero no lo trajo la casualidad. Otilia lo desvió de su camino –le dijo a su padre.
- El Destino es el Destino –sentenció el anciano.
- Es un hombre muy distinto a nosotros... Es ambicioso, se esfuerza en agradar y lo consigue pero tendrá que seguir su camino. Mientras, su presencia será la estación del año que hará madurar a Otilia.

El anciano se rascó los escasos pelos de su barba, y como no hizo ningún comentario el Curandero continuó.

- Es natural que al sentirse rechazada por los muchachos de aquí, con facilidad se haga ilusiones con gente extraña. Aunque estoy seguro de que él no se interesará nunca por ella. Tú que ves más allá, dime ¿Estoy equivocado?... Y si sucede todo lo contrario, ¿no crees que sería preferible aceptar a un extraño, a que Otilia no tenga hijos?

Pasaron con lentitud los instantes, instantes en que pelearon dos silencios: uno que esperaba el sonido, el otro que lo tenía prisionero. Ninguno de los dos hombres recurría al subterfugio de la mirada, pues ambos conocían y se ajustaban a las reglas. "Un lenguaje no es objeto de trueque". La mirada del Curandero en el petate; la de su padre vagando inquieta por los cuatro rincones del cuarto, como si escudriñara las cuatro estaciones o los cuatro puntos cardinales. Podrían pasarse horas enteras, días, semanas; no había por qué apresurarse a romper el silencio con un pedernal mellado.

- Desde que tú eres, yo dejé de ser el Curandero, y mi misión desde entonces fue andar la Seca y la Meca. Anduve en pueblos muy grandes y en pueblos muy chicos, en los valles y en las serranías y me interné en los más alejados para ver por mí mismo aldeas remontadas, como la de nosotros, que también como nosotros escaparon del vasallaje y de la cruza. Escuché sus historias y yo les conté la nuestra. Eran pálidos y enjutos, más bien chaparros. Por siglos sólo habían podido sembrar pequeñas sementeras ocultas en las cañadas. El poco maíz cosechado lo complementaban con alimentos poco nutritivos, no como nosotros que, gracias a los chepiritos, sobrevivimos sanos y fuertes. Conocí un grupo que se enorgullecía de que jamás lo había sometido el conquistador español; sin embargo, era un grupo pequeño y a punto de extinguirse porque se habían doblegado a otro tipo de conquista, la conquista de la dádiva, la holgazanería y la costumbre de emborracharse. Y por si fuera poco, vi uno que otro güerito de cara hosca y mirar altanero, a los que vi comiendo las mismas tortillas que los otros, pero sin compartirlas. Eran como un diente de oro postizo.

- ¿Con quién se cruzaron las madres de estos güeritos?... Ya no había sido con un español; pero quien quiera que fuera, no importa. El problema es del güerito que no se siente sangre de su madre ni sangre de su padre, que no siente que sea de la tierra de su madre y menos todavía de la tierra desconocida de su desconocido padre.

- Los hijos son los retoños del hombre y con los hijos el hombre hunde sus raíces en la tierra donde los ve crecer, y también las hunde en el tiempo para continuar viviendo en ellos. Sólo si el hombre conoce a sus hijos desde que nacen podrá reconocerlos a cualquier distancia. Pero los extraños echan su semilla como en tierra ajena, porque nuestra raza es ajena para ellos.

- Conozco casos en que se quedan para siempre -argumentó el Curandero aprovechando la pausa que hizo su padre- Podría ser que así ocurriera.

- También yo conozco algunos de esos, pero ninguno se ha dado nunca entre nosotros. En los tiempos idos el vivir remontados, escondidos del conquistador, lo impidió. Si nos hubiéramos quedado al alcance de su mano no seríamos lo que somos. Sí, escondernos nos libró, para bien o para mal... ¡No sé! ¿Tú qué crees?

No era la primera vez que el Curandero se columpiaba en ese dilema. Esconderse en las serranías inexpugnables en lugar de unir sus esfuerzos para rechazar al invasor; escabullirse del destino de las etnias que sí habían luchado; quedar al margen del mestizaje cuyo costo era el sometimiento; adoptar el papel de espectador indiferente, o cuando mucho oportunista, ante los acontecimientos ocurridos a lo largo de los siglos y cuyos protagonistas eran los mestizos, en el presente equivalía a mantenerse obstinadamente refractario al avance cultural del país. Cierto que formaban un estanco de la cultura, la ancestral, de la que tanto hincapié publicitario se hacía para conservarla. Pero una cosa era conservar la cultura ancestral, las tradiciones, y otra la de pretender conservarse en la tradición, supeditando a ella cualquier compromiso con el progreso del resto del país. En el otro extremo de la oscilación, el Curandero se afirmaba en la certidumbre de pertenecer a su pueblo, de pertenecer a la tierra donde nació, en deuda siempre con ambos; en cambio, para los mestizos, la pertenencia era ejercida como apropiación, explotación desenfrenada, destrucción. Se sentía incapaz de trocar su cultura, auténtica y vital, por la otra, que no era auténtica pero sí mortal, ya que conducía a una inconsciente falta de identidad. Comprendía que a la larga sucumbirían bajo un exterminio lento; entonces pensaba que más hubiera valido hacer lo que otras etnias: arrojarse a un precipicio antes que la sumisión. No obstante, ahí estaban. Ni se habían suicidado ni habían caído en la humillación de ser una reliquia del pasado que sobreviviera a expensas de las limosnas nacionales e internacionales. Su aislamiento era relativo y más que nada geográfico, y a medida que pasaba el tiempo resultaba más difícil substraerse a las influencias de la gente con la que comerciaban, así como de las que ocasionalmente incursionaban en su comunidad. No condenaba las inquietudes de las nuevas generaciones, cada vez más atraídas por el señuelo de las ciudades. Le dolía su desarraigo, no su interés por conocer.

- Estoy convencido de que fue para bien —respondió, no tanto por desengañar a su padre sino porque a esta conclusión había llegado finalmente- Pero ¿no crees que también sería bueno alentar a nuestros muchachos, o al menos no ponerles obstáculos, para que se mezclen con otras gentes?

- Lo dices por Otilia ¿verdad? —Señaló el anciano con una sonrisa burlona- Óyeme bien: No estoy en contra de que se mezclen los nuestros. Si en la antigüedad no se dio fue porque nunca estuvimos en contacto con el español. Después, aunque se recomendaba evitarlo, se dieron casos cuyas consecuencias fueron lamentables a la larga. Peor sería en los días presentes si alguna muchacha, por decir, Otilia, se casara con un extraño, digamos ese güero. No ignoras lo que sucedería cuando la diferencia de edades entre ellos se hiciera más y más grande con el paso de los años

- Te refieres a los beneficios que obtienen los nuestros gracias a las virtudes de los chepiritos que les suministramos desde que son niños, ¿verdad?

- Sí. Esa combinación especial por ser variable según la edad tiene un punto de partida en la primera infancia, de manera que aunque se la diéramos a tomar a Thomas –así dices que se llamano le haría provecho alguno pues ya está lejos de ser un niño. A ti no te ha tocado ver la clase de dificultades que tienen cuando ya se nota claramente que mientras los años no perdonan a uno al otro apenas lo tocan.

Mientras escuchaba el razonamiento de su padre, el Curandero iba sintiéndose deprimido, con una pesadumbre en la que triscaba feroz la rebelión contra el veredicto que lo condenaba a la extinción de su descendencia. Poco se le daba la posibilidad de que Rosendo hubiera procreado lejos de la aldea. La certidumbre era Otilia. Puesto que entre los de su raza nadie la pretendía, ¿iba a truncar la flor cuando comenzaba abrir? Que Thomas le correspondiera o no a sus sentimientos era un evento coyuntural fuera del control de su voluntad y cualquiera que fuese el caso, para ella adquiriría la vida otro sentido, nuevo y maravilloso, aunque también conocería nuevos sufrimientos. Estas reflexiones lo indujeron a cuestionar lo que su padre acababa de decir.

- ¿No crees que para Otilia bien valdría la pena?

Al anciano se le iluminó la mirada. Hacía largos años que el Curandero no había sentido la calidez de su padre; acaso se remontara a su infancia el recuerdo de la última.

- Te expones a grandes penas. Pero sufrir es vivir… y cuando las penas son como la preñez, terminan por dar a luz por más que sean muy negras sus entrañas… ¡Quién sabe! Como quiera que sea, esos sufrimientos te tocarán a ti solo. Ya no podrás compartirlos conmigo –El Curandero adoptó la inmovilidad absoluta que detiene al tiempo, con su mirada en absorta contemplación del rostro de su padre, asimilando hasta la última vibración de su postrer palabra. Pero su padre agregó- Estoy contento de que hayamos hablado de Otilia... ¿Qué mejor tema para nuestra última conversación?

- ¿Sientes que tu partida está próxima?
- Allá continuaremos platicando.

CAPÍTULO VI

De la etapa obligada de reclusión y reposo absoluto, en la que se le mantuvo en un estado de semiinconsciencia, había pasado a otra en la que su movilidad era total, si bien dentro de los límites de la cabaña. Pero como el tiempo transcurrido había sobrepasado con mucho al plazo estipulado por el Instituto para que enviara su informe periódico de actividades, se hizo el propósito de vencer su abulia y comenzar a redactarlo para cumplir con ese compromiso, aunque fuera tardíamente. Sin embargo, reflexionó: ¿Les informaré que por culpa de un accidente me vi imposibilitado de continuar el rastreo del vuelo migratorio de las mariposas Monarca, el que, a estas alturas, con seguridad concluyó?

Constreñido a ocultar la naturaleza de su misión en México, debía abstenerse de formular pregunta alguna relacionada con las mariposas Monarca. Una pregunta, por más que la disfrazara, podría despertar suspicacias, desconfianza y, lo más probable, desataría un torbellino de interrogantes en la gente del pueblo; más aún, hasta podría trascender esta inquietud a niveles de interés político y científico nacionales, de tal manera que probablemente la investigación tropezara con complicaciones indeseables. En conclusión, Thomas aceptaba que había fracasado, al menos en el año presente; pero abrigaba la esperanza de reanudarla el próximo, si para entonces al Instituto aún le interesaba. Por lo pronto, de ninguna utilidad sería continuar alimentando su culpabilidad por tan prolongada convalecencia.

Como consecuencia de esta decisión, el fastidio que con frecuencia enturbiaba su ánimo y que cada vez le era más difícil disimularlo dejó su lugar a su natural y espontánea disposición a disfrutar sin restricciones todo lo que el entorno natural le brindase. Esta apertura le permitió introducirse en una realidad que hasta hacia poco le fuera inaccesible y, sin proponérselo, comenzó a juzgar lo que no comprendía.

Ya había explorado palmo a palmo los nuevos espacios que ampliaron su hábitat en el interior de la cabaña, pero no logró satisfacer su necesidad de hacerlos suyos ya que la presencia de Hugo le hacía sentir una especie de restricción, como si le advirtiera a cada paso: "No digas es mío, di es de nosotros". Además, para cualquier detalle que le llamase su atención, en lugar de escudriñarlo libremente como hubiera deseado, la mirada inquisitiva del muchacho lo disuadía y entonces se limitaba a hacerle preguntas que él contestaba lacónicamente. A Hugo le hacía cosquillas la sospecha de que Thomas andaba buscando algo, pero no permitía que su sospecha se trasmutara en curiosidad. En las cuatro habitaciones, en la cocina que era a la vez comedor, y en el cuarto que utilizaban como granero y taller, la sobriedad era el rasgo común: por ningún lado notaba el menor indicio del temor a la escasez que suele manifestarse en el acumulamiento de cosas o de alimentos. Thomas Concluyó que si bien eran pobres, no al extremo de ser miserables, ya que jamás faltaba la comida en la mesa; la ropa que vestían, aunque siempre la misma, se encontraba impecablemente limpia. Además, y esto era lo más desconcertante, le intrigaba el aspecto lozano y robusto de todos, tanto de los padres como de los hijos, y pensó que tal aspecto no podía ser el resultado de una alimentación basada en los productos que él había visto, por consiguiente la complementaban con otros, con seguridad provenientes de la aldea. Por alguna razón, a él lo habían sujetado a un régimen especial; no porque fuera insuficiente lo que le daban de comer, pues su apetito quedaba satisfecho, sino porque sentía que su fuerza iba recuperándose muy lentamente.

Otro motivo de asombro era su trato. Lejos de mostrarse cohibidos ante él, como creyó que sucedería, eran de respuesta pronta y frecuentemente irónica. No le quedó otra salida que sonrojarse cuando Hugo le contestara a propósito de la carencia de aparatos eléctricos, en particular radio y televisor:

- ¡No seas berengo!... ¿Y me los voy a enchufar en las narices?

¡Claro que en la aldea sí contaban con energía eléctrica!, pero el Curandero los había exhortado para que no compraran ninguno de esos artefactos. ¿Por qué? –Preguntó Thomas- Hugo lo ignoraba.

La antipatía manifiesta de Hugo lejos de ofenderlo lo divertía, mientras que de Oscar no había podido formularse una opinión, menos aún a partir del incidente ocurrido cuando almorzó por primera vez en familia. Después de ese día continuó siendo atento y cortés, pero sumamente cuidadoso, como si se propusiera usar el menor número de palabras, aún en el caso de ser el mismo quien le planteara alguna pregunta. Thomas prefería ignorar sus reticencias e intencional reserva, siéndole placentero contestar, inclusive prolijamente, ya que era el único de la familia que había mostrado interés por saber algo de él, de lo que él sabía; de manera que terminó sintiendo por Oscar una clara empatía, al grado de que, cuando olvidaba que sólo tenía doce años, lo trataba de igual a igual.

- Si todos los muchachos de la aldea son como Oscar y Hugo –pensaba mientras los observaba admirando su aguda vivacidad en la hora del almuerzo- qué descaminado he andado al dar por cierto lo que dicen los eruditos en los libros de Antropología.

Para cotejar con la realidad sus especulaciones deseaba visitar la aldea, lo cual seguramente podría realizar en breve, según sus previsiones. Que esto ocurrirá más tarde que temprano no le inquietaba, mientras que, por el contrario, sí le preocupaba constatar a diario que Otilia evitaba mostrarle sus ojos, y aunque él respetaba su actitud esquiva, mirándola a hurtadillas solamente, le afligía la posibilidad de que se tratara de una manifestación de rechazo. Deseaba y siempre estaba pendiente de alguna señal que mostrara un cambio favorable de actitud, que hiciera a un lado sus aprensiones, su desconfianza. En el fondo, ni él mismo podía explicarse claramente ese sentimiento inquietante que lo hacía vacilar cuando Otilia se encontraba cerca.

En su archivo de experiencias Thomas no encontró antecedentes en los que pudiera apoyarse para manejar esta situación, sólo que por ser nueva le pareció digna de su atención, considerando que de algo nuevo siempre extraería una enseñanza. Ni siquiera rozó la posibilidad de involucrarse más allá de su control, pues estaba acostumbrado a que en sus relaciones con las mujeres él había llevado las riendas, ya que todas ellas habían tenido como punto de partida la sensualidad, mientras que por Otilia abrigaba un sentimiento desprovisto de esa pasión, un sentimiento inédito en él: la ternura. Había germinado en su pecho al contemplar su desamparo y vulnerabilidad, despertándole ocultos impulsos de macho protector, dormidos hasta entonces. ¿Protegerla de quién? —se preguntó— En general de todos, pero muy especialmente de las muchachas de la aldea, cuya hostilidad la había estigmatizado desde que estaba en la escuela. En este punto, Thomas cayó en la cuenta de que ni siquiera conocía a tales muchachas y entonces le picó la cosquilla de la curiosidad morbosa. "Ojalá sean diferentes de Otilia", fue su pensamiento involuntario. Por si acaso no lo fueran, se hizo el propósito no sólo de enviar el informe pendiente sino también de reanudar su correspondencia epistolar con sus amigas de Canadá para ir preparándolas "Quizá más pronto de lo que se han imaginado me tendrán para su placer". De lo que no podía dudar era de que iba a disponer del tiempo suficiente para conquistar la amistad de Otilia, ya que, por un lado, podría dedicarle toda su atención habiéndose resignado a admitir el fracaso temporal de su proyecto de investigación y, sobre todo, porque se recuperaba notoriamente a diario y con su salud también recuperaba sus naturales dotes seductoras de las cuales se sentía seguro. Hoy por hoy ni humor tenía para improvisar alguna conversación que pudiera romper el silencio coriáceo de la jovencita, ni se había presentado una ocasión propicia para ello, pues la mayor parte del día ella se hallaba ausente. Con quienes más había convivido era con Oscar y Hugo, sus celosos guardianes, prontos a impedirle que siguiera los consejos dictados por su impaciencia o su imprudente curiosidad, como cuando Oscar lo obligó a regresar habiendo recorrido un buen trecho del sendero de la cabaña a la aldea.

Thomas le hubiera ahorrado a Oscar el sermón que le endilgó en esa ocasión, si hubiera podido adivinar que al día siguiente el Curandero lo autorizaría para que se diera el gusto de caminar por ese sendero cada vez que lo deseara, pero sólo hasta llegar al huerto comunal.

Aunque el huerto no era vivible desde la cabaña, distaban entre sí la corta distancia que mediaba para salvar la loma. A partir de aquí se extendía una planicie alargada, escalón de las altas montañas que eslabonaban sus mil cumbres hasta perderse en lontananza. En este altiplano se hallaba el huerto comunal. Filas disciplinadas de diversas especies de árboles frutales destacaban su follaje en direcciones perpendiculares. Gran variedad de plantas de ornato en arriates exuberantes, formaban una cuadrícula y en el centro de cada cuadro arraigaba uno de aquellos árboles.

Al principio el grupo caminó ajustando su paso al de Thomas; pero no por mucho tiempo: Hugo fue el primero en separarse. Tomó una senda casi paralela al lindero del huerto y desapareció entre los pinos de las inmediaciones. Poco después, Elodia y Otilia dejaron atrás a los hombres.

Para satisfacer el interés de Thomas, Aurelio se iba deteniendo cada vez que aquél le dejaba caer una lluvia de preguntas, porque entonces extraía de su bolsillo un cuaderno de notas y escribía en él las respuestas que le daba respecto del espécimen que le hubiera llamado la atención. Esto significó para Aurelio la corroboración de lo que habían supuesto desde un principio: que Thomas era un biólogo y que su llegada a la aldea había sido fortuita, ya que seguramente su interés se orientaba a la investigación de la fauna y la flora de la región. Esta conjetura le refrescó el humor, muy a tono con el humor festivo de Thomas. Sólo de cuando en cuando su regocijo se veía ensombrecido por el dolor que, si bien benigno, se le había venido presentando en forma intermitente en la pierna; para disimular esa molestia, Thomas se apoyaba momentáneamente en los hombros de Aurelio, quien era el único que había permanecido a su lado. Sin embargo, ese intento de disimulo le estaba resultando muy costoso además de inútil, puesto que Aurelio se dio cuenta por las que estaba pasando, sin que lo sorprendiera y menos aún lo alarmara; por el contrario, lo que le estaba ocurriendo a Thomas justificaba la restricción que le había impuesto el Curandero de que la caminata no fuera más allá del huerto. Ahora resultaba evidente que hubiera sido una insensatez permitirle llegar hasta la aldea, como él deseaba.

Con el propósito de caminar lo más lento posible, Aurelio enriquecía sus respuestas lo más y mejor que podía y hasta lo inducía a observar las especies más pequeñas que él había pasado por alto. Repentinamente, una inquietud perturbó el ánimo de Thomas al hacerse cargo del amor que Aurelio manifestaba por las flores y esa inquietud lo condujo a reflexionar en que así como Aurelio, la población en su totalidad profesaba el mismo amor, un amor improductivo, pero que bien podría dejar de serlo si se decidieran a explotarlo a gran escala con especies de gran demanda comercial. De este modo obtendrían los recursos económicos suficientes para vivir con las comodidades y el confort, tal como él los entendía.

Absorto en las ideas emanadas de los comentarios de Thomas acerca de las especies que podrían ser susceptibles de cultivarse para comercialización, e inquieto por la insistente sospecha de que Thomas estaba haciendo planes para prolongar su permanencia en la aldea, Aurelio no se percató de que se habían quedado rezagados.

En esos momentos Elodia y Otilia se encontraban en la avenida de las adelfas, lindero entre ciruelos y perales. Deseando mitigar su cansancio, Elodia se desvió hacia el lugar donde se encontraba un viejo tronco abatido y se sentó a esperar.

Otilia, unos pasos atrás, se acercaba moviendo con parsimonia unas ramas de lavándula frente a su rostro. Elodia permaneció observándola mientras se acercaba y a la vez que esto hacía, la sobrecogió la inexplicable apreciación de que su hija le era alguien extraño... También sin saber por qué, y sin transición alguna, sintió el agobio de un remordimiento. Había adivinado su sufrimiento, aunque no le hubiera escuchado queja alguna; sabía que la tristeza le hurtaba horas de sueño, aunque no la había visto llorar; se daba cuenta de que el resentimiento imprimía amargura a sus pensamientos, aunque sus palabras aún no habían sido contaminadas y, sobre todo, sabía que se hallaba desolada al ignorar qué hacer con lo que sentía. Pese a que sabía todo lo anterior no había acudido a su silenciosa demanda de auxilio, reconociéndose carente de experiencia, salvo la que se refería a sus propias vivencias, de ningún modo aplicables a Otilia. ¿Cómo salir airosa de un atolladero como ese por el cual ella atravesaba? Elodia ignoraba lo que era sentirse desdeñada o abiertamente rechazada. Si para disuadirla le dijera, por ejemplo, que Thomas era un hombre al que no valía la pena amar, con seguridad Otilia le preguntaría que a cuál sí.

Desde que percibió el conflicto interior de su hija, Elodia se arrepintió de haber manifestado la sugerencia de atrapar a Thomas con los lazos del amor para retenerlo entre ellos. Por entonces había pensado que si él se enamoraba de cualquiera de las muchachas de la aldea, quienquiera que fuese, la elegida tendría que aceptarlo por el bien de la comunidad, le gustara o no, ya que así se conjuraría la amenaza que Thomas representaba, según lo había presentido el Curandero desde el momento que lo vio por primera vez, premonición más parecida a una certidumbre que a una posibilidad. Ni por asomo se le había ocurrido que tal vez ninguna de las mujeres de la aldea le despertara a Thomas deseo amoroso alguno, menos aún que en lugar de amor le provocaran repelencia.

Además, al pensar en las muchachas de la aldea, ni remotamente se le había pasado por la cabeza incluir a su hija. Tampoco había sopesado lo que sucedería en el caso de que Thomas se enamorara de Otilia, pero que a ésta le repugnaran sus pretensiones ¿Acaso ella, su propia madre, permanecería serena e indiferente?

Sin embargo, la realidad era otra y había que replantear la duda: ¿Alentaría a su hija o la disuadiría de su amor por Thomas? La culpabilidad de Elodia fue en este punto atemperada por la súbita rabia que sintió hacia los muchachos de la aldea; ellos eran los que habían orillado a Otilia, los que la habían condenado a exiliar su amor. Y ahí estaban las consecuencias. La melancolía prematura sentando sus reales en su inexperto corazón, y la desolación asomándose en su rostro apagado, al que ella se esforzaba en iluminar con una sonrisa enmarcada por sus queridas flores de lavándula.

- Toma —dijo Otilia al sentarse junto a su madre- te las presto; pero nada más por un ratito, ¿eh?

- Entonces… ¡Muy poquitas gracias! —replicó Elodia en el mismo tono de broma. Aspiró el aroma del ramillete y luego agregó- Cuando conozcas la limonaria te gustará el perfume de sus flores tanto como el de éstas, ¡ya verás! – Se quedó pensativa y después continuó- Algo parecido le sucederá a Thomas cuando te conozca.

- ¡Ay, mamá! —Exclamó Otilia con enfado-; pero si ya me conoce…

- Te ha visto, hijita, pero no te conoce ni pizca —Elodia dejó a un lado el ramillete de lavándulas para tomar entre sus manos las de Otilia- Si yo te mostrara desde lejos un ramillete de limonaria, ¿podrías decirme que te gustó su perfume?… ¡Haz de cuenta!: a las personas hay que acercárseles con el olfato del corazón, así como a las flores acercamos la nariz.

Otilia recuperó el ramillete de lavándulas, rozó con él su rostro y se acurrucó en su madre.

- Siempre me han dicho que soy fea, pero nunca lo había creído; por eso me peleaba con todos… ¿Por qué nunca me lo dijiste tú? —Ocultó su rostro tras el ramillete y sus palabras fueron tropezando con los sollozos-; a ti sí te hubiera creído, mamá. ¿Por qué no me dijiste que yo era fea, que por eso la gente no me quería? ¿Tú crees que él va a querer acercarse a oler una flor fea?

Retirándole el ramillete, Elodia limpiaba con su mandil las lágrimas de Otilia mientras le decía:

- No, hijita, no hay flores feas. Algunas son más bonitas que otras, es cierto; pero, a poco no te has dado cuenta que casi siempre las más bonitas tienen un aroma amargoso, o de plano ni aroma tienen. Mira: la lavándula es muy poca cosa si la comparas con la dalia, ¿y no la prefieres por su perfume?

- Yo no he tenido que acercarme a él, como tú dices, para olerlo –replicó meditativa-; en cambio él...

Elodia la interrumpió para, así, interrumpir también la angustia reflejada en el rostro de su hija.

- ¡Te equivocas! lo has hecho muchas veces, comenzando cuando lo encontraste más muerto que vivo. ¿Y cuántas veces le has permitido que te vea libremente sin que te le escondas?

La pregunta, que no requería contestación, continuó resonando en la mente de Otilia hasta que su melancolía se extinguió, de modo que cuando Aurelio y Thomas llegaron no descubrieron ni el más pequeño indicio de ella en su semblante.

- ¡Me alegro de encontrarlas! –Exclamó Thomas, jadeante- No hubiera podido dar un paso más.

- ¡Qué lástima! -manifestó Elodia- el lote de los manzanos te hubiera gustado más que ninguno. En fin, ya habrá tiempo.

- ¡Bien! –Terció Aurelio, dando una palmada en la espalda de Thomas, gesto que llamó la atención de Elodia por lo insólito- nos veremos a la hora de comer.

- ¿A dónde vas? -inquirió Thomas, sólo porque deseaba que Aurelio corroborase lo que ya sabía por boca de Oscar.

- ¡Ah, claro!... Tampoco lo sabes –y mostrándole el camino por el cual se había ido Hugo le explicó-¿Ves esa vereda?... Por ahí nos vamos todos los días a la aldea.

Y sin más se alejó, dejándole a Thomas el vacío que había esperado llenar con una invitación para el futuro, ya que en el presente había llegado al límite de su resistencia, como lo delataba ese acelerado jadeo que preocupó a Elodia.

- Para ser tu primera correría creo que ya estuvo bien –le dijo, y dirigiéndose a Oscar, que acababa de llegar cargado de manzanas, agregó- Acompáñame a revisar el vivero. Ustedes váyanse a la cabaña.

La alegría que la asaltó sin advertencia alguna hizo que Otilia se tambaleara. Deseó agarrarse del brazo de Elodia pero no lo hizo, y el haber dominado este impulso la llevaría de la mano a apropiarse de esa alegría, siempre y cuando se apresurara a asimilarla antes de que abortara en la timidez. Rápidamente se alejó unos pasos de Elodia; luego volteó hacia ella sintiendo un súbito calorcillo que de su corazón irradiaba hacia su madre. Ahora había dejado de ser solamente su madre, ahora la amaba como siempre había querido amar a alguna de sus compañeras.

Rápidamente tomó la delantera, todavía con un atisbo de temor, ya no de que Thomas le viera los ojos sino de que su madre rectificara esa decisión. Dejándose llevar por un impulso infantil, tan pronto se quedaron solos dijo:

- Ándale, no te hagas el zonzo... ¡Alcánzame, si puedes!

Emprendió la carrera por la vereda bordeada de gramíneas que exhibían sus minúsculas "colas de zorra". Thomas, perplejo, pero agradablemente impresionado por el sesgo inesperado del carácter de Otilia, aceptó el reto y canceló sus estrategias, largo tiempo maduradas, de entablar con ella una plática que le abriera las puertas de su amistad. La espontaneidad de Otilia y su indudable inocencia lo contagiaron y también él se sintió niño, haciendo eco con sus gritos a los gritos de ella.

Demasiado tarde quiso Otilia disimular su euforia: frente a ellos apreció el Curandero. Muy escurrida, a pesar de la sonrisa de complacencia del anciano, desapareció en el interior de la cabaña, en tanto el Curandero miraba llegar al extranjero.

- Parece que tu hueso ya resiste una carrera –Thomas lo saludó con un silencioso apretón de mano- Vamos a que te recuestes. Quiero revisarte así, en caliente.

Después de la revisión, el Curandero derritió en la flama de la vela trementina compuesta a la que agregó unas gotas de agua oxigenada, y con un hisopo improvisado le aplicó una cataplasma leve en la pierna.

- Bueno, Thomas, con este emplasto llegamos al final de las curaciones. Ahora lo que tienes que hacer es no propasarte. Si quieres ya puedes viajar, pero todavía no caminar mucho. ¿Verdad que te cansas muy pronto?

- Sí, me siento un poco débil.

- Si deseas quedarte unos días más, los que quieras, te cambiaré la alimentación y verás que recuperarás por completo tus energías.

Ya no sería necesario que alguno de los muchachos durmiera en el mismo cuarto de Thomas, sólo lo acompañarían por la mañana y por la tarde, alternándose como siempre. Sin embargo, Thomas pidió que Oscar continuara durmiendo en su cuarto. Así se sentiría en familia, dijo. Esto significó para Oscar la cancelación de sus planes de reanudar su diversión a expensas de Hugo, diversión que había pensado disfrutar intensamente pues preveía que ya no duraría mucho tiempo. Un gesto involuntario de disgusto fue para Aurelio una señal enfática de protesta. "Si no quiere, que no lo haga", pensó en ese momento dejándose llevar de un brazo por el cariño y del otro brazo por la impaciencia que le salió al paso junto con la noticia de que Thomas pasaría unos días más en su casa. Decidido a apoyar la decisión de Oscar, habló más tarde con él.

- Oye, hijo: si no quieres quedarte con Thomas, no más dilo.

Aurelio tenía presente que no todas las instrucciones que Oscar recibía del Curandero eran de su conocimiento, y que Oscar jamás caería en la indiscreción de hacerle algún comentario si fueran tales que ya no le quedara más remedio que complacer la petición Thomas. Sin embargo, ni el Curandero ni Aurelio tenían acceso a las más íntimas aspiraciones de Oscar quien, más allá de su primera reacción e independientemente de las instrucciones del Curandero, de todas maneras habría buscado pretexto para continuar cerca del extranjero el mayor tiempo posible. Tal era su firme propósito.

El silencio de Oscar fue para Aurelio la confirmación de lo que él suponía y sin esperar más agregó:

- No te sientas obligado. ¡No vayas!… Yo me encargo de explicárselo.

- No, papá, no es necesario –replicó precipitadamente, como si temiera que su padre se dispusiera en ese momento a ejecutar lo que ofrecía- La verdad es que no imaginé que fuera a pedir algo así. No te preocupes. Ya casi no siento tirria hacia él.

- ¡Qué bueno! –con la exclamación, Aurelio tuvo que tragarse su sorpresa. "Ya es todo un hombrecito", pensó, y con una disposición inédita agregó- ¿Y si en lugar de que te pongas a leer cuando estás con él aprendes algo de lo que sabe?

- ¿Como qué, papá? –inquirió no obstante adivinar cuáles eran sus intenciones.

- Verás –continuó Aurelio– Hace ratito me dijo que con todo y pena va a seguir causándonos molestias; que le perdonáramos si abusando de nuestra hospitalidad había decidido seguir el consejo del Curandero; que en primer lugar aprovecharía ese tiempo para escribir un documento, dizque un reporte, y entonces me pidió que le consiguiera un paquete de hojas blancas, varios bolígrafos y... Como tú le encuentras gusto a esas cosas, pienso que no te caería mal si...

En efecto, había adivinado. Su padre lo relevaba de la función de custodio y ello coincidía con sus deseos: Aproximarse, aunque fuera un poco, a la manera en que Thomas veía las cosas, a su pensamiento, a la opinión que se formaba de todo, incluyendo a las personas. Oscar le dio esta interpretación a lo que su padre veladamente le indicaba, a lo que esperaba de él, y se le infló el corazón al roce del elogio implícito en esa petición. Esa noche conoció el rostro del insomnio. Sentirse importante lo mantuvo en vela, y sólo cuando a su fantasía se sobrepuso el peso de la advertencia reiterada de mantener en secreto lo que estaba aprendiendo del Curandero, su vigilia se fue diluyendo en una sucesión de preguntas que pasarían la noche incubándose bajo las alas del gallo.

Nada más fácil que hacer hablar al extranjero. Esto mismo era aplicable a Oscar, con las consabidas reservas. Las horas se les escapaban sin darse cuenta escuchándose alternadamente; uno imaginándose en Canadá como si se tratara de un mundo extraordinario, casi irreal, y el otro en la aldea, en estrecha comunicación con la gente, asistiendo a sus fiestas y ceremonias para entender la razón que los mantenía aferrados a una manera de vivir tan en desventaja respecto de las ciudades. Este encantamiento solía hacerse añicos contra cualquiera de las preguntas prohibidas, pero sin que retrocediera la simpatía de Oscar; también las burlas de éste habían perdido su virulencia desde que Thomas captara su sentido humorístico, siendo frecuente que aludieran a algún comentario relacionado con la vida privada de uno o de otro. Sin embargo, aunque Oscar no bajaba la guardia cuando la conversación se desviaba hacia esos terrenos, él no tenía empacho en hacerle preguntas de cualquier índole.

- ¿No sentiste miedo cuando andabas por lugares tan peligrosos como los que me has descrito, viniendo de tan lejos?

-A veces sí. Especialmente las Cihuateteo han sido para mí de lo más aterrador. Ahora que conozco la forma de protegerme de ellas ya no les temo... Y tú, ¿qué sientes al estar preparándote para Curandero?

- En primer lugar, me faltan muchísimos años para llegar a serlo. Es muy poco lo que he aprendido en comparación con todo los conocimientos que había aprendido el hijo del Curandero. De todos modos, ese poco es algo fantástico y me ilusiona mucho.

- ¿Tú sabes lo que pasaría en caso de que regresara el hijo del Curandero?... ¿Se capacitaría a los dos para que hubiera dos Curanderos?... Tal vez se suspendería tu capacitación ¿No crees?

- Lo que pudiera suceder, no lo sé; lo que sé es que sólo puede haber un Curandero en esta aldea.

- ¡Ah, bueno!... Entonces, de darse el caso, uno de ustedes se iría a otra aldea a prestar sus servicios, como cualquier médico —Concluyó Thomas dando un sesgo chusco a la problemática.

Oscar le siguió la corriente y le festejó la salida burlándose de él por su miedo a las Cihuateteo.

Cada uno, sin embargo, se guardaba muy bien de exteriorizar el interés medular que lo movía a saber todo lo posible del otro, y este juego le resultaba a Oscar el más apasionante en que jamás había participado, pues lo hacía sentirse en el centro de gravedad de las tres personas más destacadas de su vida: el Curandero, Aurelio y Thomas, seguro como estaba de que cada uno de ellos esperaba algo especial de él.

Lo que Aurelio esperaba había tropezado con un obstáculo: el idioma. Thomas estaba escribiendo su informe en inglés. Así pues, por este medio tampoco había podido averiguar la verdad acerca de lo que el extranjero andaba investigando. Por su parte, Thomas, cada día más entusiasmado con la precocidad de Oscar, nunca pudo sonsacarle el menor dato relacionado con los chepiritos, y como no era hombre que se diera por vencido a las primeras de cambio, tomó la decisión de incursionar en el bosque para buscar la solución del enigma.

Ese día dio la casualidad de que lo acompañara Hugo. Sin advertirle oportunamente acerca del sitio a donde quería ir, comenzó a caminar hacia donde había observado muchas veces que Otilia hacía su aparición para luego descender por la ladera, pues supuso que ahí debía encontrarse el sendero.

Congratulándose íntimamente de haber acertado, rompió el silencio mantenido mientras caminaban y comenzó a silbar una tonada. De pronto, Hugo se plantó frente a él dispuesto a impedirle que diera un paso más; se encontraban en el punto donde se iniciaba el ascenso a la montaña.

- Por ahí no podemos ir —le advirtió, tajante, tomándolo con firmeza del brazo- Ese es el "Camino de las mujeres".

Esta repentina y enérgica prohibición desconcertó a Thomas, tanto por lo insospechada como porque provenía de un muchacho de apenas once años, aunque aparentara más edad. Pensó que sería sencillo salvar este obstáculo haciendo uso de la persuasión.

- ¿Y sólo porque se llama "Camino de las mujeres" no debemos caminar por él?

- No podemos —insistió Hugo, aparentemente resuelto a no ceder.

- Creo que me quieres tomar el pelo —declaró simulando irritación.

- ¿Por qué habría de hacer eso? —replicó, sorprendido por suposición tan extraña para él.

- Porque tú aseguras algo que contradice cierto ofrecimiento de tu mamá. ¿Lo recuerdas?... Me dijo que cuando recuperara las energías podría acompañar a Otilia a recoger chepiritos.

- Sí, lo recuerdo... ¿Y?

- Pues que tu mamá no puso obstáculos y tú sí.

- ¡Ah, bueno! —Exclamó con voz triunfante- Si nos acompañara una mujer sí podríamos ir por ese camino.

- Mmmm... Sigo sin creerte —manifestó Thomas frunciendo el entrecejo.

Hugo se limitó a levantar los hombros.

- ¡Vamos, acompáñame! —ordenó autoritario Thomas, pero de inmediato atenuó su aspereza con un: ¿Sí?... Por favor.

- ¡No! No quiero que me pase lo que a otros. Ve tú solo, ya que eres tan terco y... ¡Atente a las consecuencias!

"Las Cihuateteo –pensó Thomas- Seguramente por ellas es que el camino tiene ese nombre" Maquinalmente llevó su mano a la cara, limpiándola de la imagen de Otilia que descollaba entre las diosas nocturnas; pero la evocación se resistió a desaparecer.

¿Acaso la presencia de Otilia era el salvoconducto para neutralizar el acoso de las Cihuateteo? Esta hipótesis le pareció razonable. Ellas preferían a hombres solitarios, casi nunca en grupo y jamás a las mujeres, de modo que si hubiera viajado con una de sus amigas no le hubiera ocurrido lo que le ocurrió. Pero ¿funcionaría con cualquier mujer? Quizá no, quizá debía ser una semejante a las propias Cihuateteo, alguien como Otilia... Por algo debía ir en su compañía, ya que era una de ellas.

- El miedo me hace desvariar –dijo para sí mismo, tratando de serenarse.

- No –siguió reflexionando-, Otilia es todo lo opuesto a las Cihuateteo, puesto que me salvó la vida.

Aunque no era ostensible, podría asegurar que le había notado el semblante más alegre, armonizando con su arreglo personal, discreto, pero no exento de sencilla coquetería. La había visto por las tardes, cuando se reunía la familia en el cuarto del granero a pasar unas horas platicando mientras se dedicaban a tallar en madera figuras zoomorfas fantásticas que luego venderían en la plaza de Yoricostio.

En tales ocasiones Thomas se veía en aprietos para repartir su admiración, primero por la destreza con que lograban plasmar lo que su inagotable imaginación le trasmitía a sus manos pero más lo asombraba que esa imaginación parecía no tener límites para dar a luz fantásticas quimeras materializadas en trozos de madera. Sin embargo, lo que realmente cautivaba su interés, en detrimento de la redacción del *informe*, era que a través de su plática él se iba introduciendo en las costumbres de la comunidad. Muchos de los episodios que salían a relucir le eran incomprensibles y cuando esto ocurría solicitaba explicaciones que el interpelado no escatimaba en absoluto, sino que se explayaba hasta dejarlo satisfecho. Lo que en su sociedad le hubiera parecido trivial, carente de significado, aquí lo estimulaba, así se tratara de rencillas familiares, chismes o rivalidades entre los jóvenes de la aldea. De estas reuniones obtenía temas para comentar después con Oscar, mostrándole así que se interesaba por él y su mundo del mismo modo como él se empeñaba en comprenderlo y colaborar en lo que venía haciendo recientemente.

- Veo que no pierdes detalle de lo que hacemos –Dijo Aurelio, dirigiéndose a Thomas- Ten este trozo, a ver qué te sale.

- Sí… sí… ¡Anímate! –lo exhortó Elodia, aunque no era necesario porque Thomas había recibido con entusiasmo el trozo de madera.

Pronto se dio cuenta de que la destreza y la imaginación podría desarrollarlas con el tiempo pero la paciencia no. Para él, el tiempo, su vertiginoso tiempo, era siempre efímero, siempre insuficiente, y no había lugar en él para la paciencia. Verles esa expresión de placidez en el rostro en tanto sus manos se mantenían en un movimiento febril, tan absortos en su labor creativa que a veces ni participaban en la plática lo llevó a plantearse el propósito de inducirles la idea de hacer de su afición artesanal una actividad sistemática, con una difusión más amplia, inclusive internacional.

Mientras se encontraba perdido en esas consideraciones, Thomas los observaba con una chispa de envidia inconsciente y también sin darse cuenta cabalmente, sus ojos corrían tras de Otilia cada vez que ella se paraba de su lugar para colocar su obra terminada en el anaquel, o por cualquier otro motivo. Le descubrió en su cuerpo detalles encantadores que no había advertido, como los conmovedores hoyitos que exhibían sus brazos, rodillas y tobillos. No se detuvo allí, si no que sus incursiones exploratorias lo llevaron a regiones ocultas, causantes inocentes de sueños mórbidos que lo despertaban a deshoras de la noche y entonces hasta los grillos parecían estimular, con su chirrido afrodisiaco, a su ya demasiado prolongada abstinencia.

Esas horas de la tarde formaban, con las que pasaba con Oscar, una parvada que se iba volando, no con el vuelo terso y sin tropiezos de la gaviota, sino erráticamente como el vuelo de la mariposa, cuyos virajes impredecibles mantenían su atención excitada, siempre a la espera del momento en que los ojos de Otilia se posarían en los suyos. Pero nunca ocurría. Otilia movía su rostro, sus párpados y su cabellera de tal forma que siempre se los ocultaba.

- "¡Lástima que apenas esté saliendo del cascarón!" –Se lamentaba Elodia en silencio, sin la menor esperanza de que su hija abandonara su actitud infantil y se lanzara a la conquista del hombre que la casualidad había puesto a su alcance. "Si en mi camino se hubiera atravesado un hombre como ese… ¡Qué feliz hubiera sido!", pensó Elodia. Reconocía que tal como había sido su suerte también era feliz; sin embargo, en todo había medidas, y la cuantía de su felicidad sufría la merma del recuerdo de Rosendo. Esto no significaba que Rosendo hubiera sido el hombre de sus sueños; ni siquiera se aproximaba. No podía negar que de todos era el que más le llenaba el ojo… Pero como no daba color, había aceptado a Aurelio como un ardid para llamar su atención. ¿Lo había logrado? Al parecer, sí; sólo que la había utilizado como instrumento de su rencor y, de paso, no le había dejado otra salida que unirse para siempre con Aurelio. Con éste había cumplido como mujer. Le había dado dos hijos; aunque él, quizá, supusiera que fueran tres.

- "¿Por qué nunca se tiene todo lo que se desea? ¿Por qué Aurelio, además de buena persona, no era hermoso, blanco, como el hombre con el que había soñado?" –Elodia se sorprendió de haber pensado estas interrogantes y sintió una opresión en el pecho.

Pero no podía evitarlo: su mirada se le escapaba hacia un Thomas absorto en las figuras de madera que los demás tallaban. Sí, un hombre así era el que había esperado… Cuando era soltera había abrigado la esperanza de que algún día llegase a la aldea, se enamorara de ella y se la llevara con él. Claro que ella no carecía de encantos… Al menos lo había podido deducir de las veces que había ido a Yoricostio. "Muchos muchachos de los de ahí me chuleaban. En cambio Otilia… ¡Pobrecita!… No sé a quién habrá salido. Desde luego que no a mi gente. Pero tampoco se parece a la familia de los Curanderos. ¿Entonces?... ¡Esto siempre me ha mortificado!".

Los pensamientos de Elodia se trababan siempre que desembocaban en este atolladero.

- ¡Como quiera que sea! –Saltó el charco– Thomas ni se fija en ella. A lo mejor la ve muy chiquilla, o de plano no le gusta. ¡Con su pan se lo coma!, al fin y al cabo no se está cayendo de vieja.

Volvió a mirarlo y repitió: "¡Qué lástima!", pero ahora lamentaba que se hubiera recuperado tan rápido. En efecto todo él exhibía el aspecto de un hombre en la plenitud de su vigor físico, gracias a los complementos alimenticios que ella le venía mezclando en su comida desde cuando el Curandero terminara su tratamiento. No era remoto que su presencia de hoy, fuera sólo un recuerdo a la mañana siguiente. Ciertamente él no había dado muestras de emprender el vuelo; más parecía que ya no se acordaba que el Curandero lo había dado de alta desde hacía mucho tiempo; como si no deseara irse; como si se hubiera aficionado a ellos. O quizá...

Nuevamente el fluir de sus lucubraciones tropezó con un hecho reciente. Acababa de recordar el altercado ocurrido en el "Camino de las mujeres". No era oportuno poner al corriente a Aurelio estando todos reunidos.

Cuando se hallaban acostados en su cuarto, dispuestos a dormir, Elodia le comentó:

- Me pareció extraño que regresaran tan pronto de su caminata matinal, pero Hugo me puso al tanto de lo ocurrido. No le quedó otra que aguantarse la curiosidad. Ahora, Hugo ya no quiere acompañarlo más, pues dice que siempre anda metiendo las narices en todo –Concluyó Elodia, al referirle a Aurelio lo ocurrido.

- ¿Hablaste con él de este asunto?

- Quise comentártelo antes.

- Qué bueno, porque así me da tiempo de decírselo al Curandero.

- Eso merito fue lo que imaginé.

- Mañana me dirá lo que hay que hacer; aunque casi puedo adivinar que va a decir que sí, si es que lo acompaña Otilia... O tú.

- Pero es muy lejos para él... Sería arriesgarse a que recayera, y la mera verdad yo quisiera que...

- El Curandero lo sabrá –la interrumpió- Mientras, si Thomas te comenta algo le dirás eso: que el Curandero dispondrá lo que sea mejor para él.

Pero Thomas no insistió. Había proyectado elaborar un registro de las plantas de ornato nativas y le pidió a Oscar lo acompañara al huerto. Como si fuera un auxiliar veterano, Oscar lo ayudó tan eficientemente que Thomas se sorprendió no sólo de la excelente disposición que mostraba sino también de su extraordinaria capacidad de aprendizaje.

Atribuyó esa precocidad al entrenamiento que diariamente le daba el Curandero; aunque también podría ser que su inclinación hacia la medicina fuera innata en él, ya que hasta en la discreción se distinguía este jovencito precoz. Una sonrisa inconsciente afloró en los labios de Thomas al mismo tiempo que le sugirió:

- Deberías estudiar medicina.

- Eso es lo que hago con el Curandero –corrigió Oscar sin ocultar su satisfacción.

- Si, ya lo sé –se excusó Thomas sintiendo que había pisado en terreno movedizo. Recordó que tiempo atrás había intentado sin éxito sonsacarle información acerca de los chepiritos y no deseaba que Oscar retomara la actitud agresiva de entonces- Lo que quise decir fue que, para mí, no hay duda de que tienes verdadera vocación, de la que ya quisieran muchos de los que estudian en las universidades y por lo mismo sería una lástima que tú no aprendieras la medicina que se enseña en ellas.

La estocada del halago no le impidió a Oscar replicar:

- Yo sé que ninguno de los curanderos ha necesitado aprender en otra cosa que no sean los libros, como los que tú me has visto, aparte de lo que aprenden de su propia cosecha; y esto ha sido suficiente para que curen a la gente cuando cae enferma.

- Y a poco no se les mueren de cuando en cuando.

- ¡Y a poco con aquella medicina no! –refutó de tal manera que Thomas se avergonzó.

- No te enojes Oscar. Mi intención es buena. No estoy diciendo que lo que estás aprendiendo no sirva ¡Al contrario! En todo el mundo se aprovechan los conocimientos como los que aprendes del Curandero y se aplican con gran éxito. Es más: en algunos casos donde la otra medicina había desahuciado enfermos, esta medicina, porque también lo es, los ha salvado.

- ¿Entonces? –cuestionó Oscar con sonrisa irónica.

- ¡Oh, espérate!… Déjame terminar –dijo Thomas, como si estuviera discutiendo con uno de sus colegas- Si los médicos de que te hablo tomaran cursos de posgrado de medicina herbolaria ampliarían sus posibilidades y lo mismo sucedería contigo. ¿Me comprendiste?

Un movimiento afirmativo de su cabeza fue la silenciosa contestación. Oscar parecía preocupado, con la inquietud de quienes presienten los movimientos telúricos. Apoyaba el bolígrafo en el papel, como si esperara a que Thomas continuara dictándole. De repente exclamó:

- ¡Gracias! –con una sonrisa de esas que concedía con cuentagotas.

Reanudaron su labor y cuando Thomas estaba a punto de suspenderla por las constantes distracciones de Oscar, vio que Aurelio se aproximaba.

- ¡Quiúbole…! No esperaban verme aquí a esta hora, ¿verdad?

- ¡Así es! –exclamó Thomas- ¿Y qué te trajo por acá tan temprano?

- Dos encargos: Una invitación y una recomendación del Curandero; las dos para ti.

- Tú dirás.

- Te invita a la aldea. ¿Te gustaría ir?

- ¡Por supuesto!

- Bueno, pues ahí te va ahora la recomendación. Como la invitación es para mañana, el Curandero te recomienda que descanses esta tarde para que estés entero –Aurelio se resguardó de los rayos del sol bajo el manzano más próximo y Thomas lo siguió- Será algo parecido a un examen –agregó.

- ¿Y si apruebo el examen? –Thomas sobrentendió que se le estaba anunciando otra invitación y se preparó a rechazarla si se refería a que se marchara.

- Entonces podrás ir a donde quieras, pues aunque sea muy lejos tú te sentirás como si nada. O sea, como dijo el Curandero, te daría de alta de todo a todo.

- Entonces, ya estaría en condiciones de ir a donde capturan los chepiritos –dijo, con acentuado sarcasmo.

- Desde luego, si te acompaña Otilia.

- Ya que llegaste temprano, vámonos a comer, ¿sí? –intervino Oscar dirigiéndose a su padre.

- Sí hijo, cómo no –accedió Aurelio; pero en ese momento vio un gusanillo en el suelo y se agachó para recogerlo. Luego, dirigiéndose a Osar le ordenó- Antes de irnos revisa los manzanos donde hay cultivo. Se te olvidó hacerlo antes, ¿verdad?

- ¿Eso que recogiste del suelo es un chepirito? –inquirió Thomas alargando la mano para tocarlo.

- No. Es un "tentempié". Los chepiritos no pueden domesticarse. Estos gusanitos nacen de las raíces de un matorral. Nosotros los cogemos cuando cae la primera de las lluvias cabañuelas y luego los traemos para que se desarrollen comiendo manzanas.

Thomas observó que el insignificante gusanillo rosado parecía artificial, como de plástico bruñido, y tenía apenas el tamaño de una de sus uñas. Miraba y remiraba su anillado cuerpecillo sin poder distinguir la cola de la cabeza, y a sabiendas de que su pregunta sería obvia la formuló:

- ¿Se los comen?

- ¡Claro que sí! –contestó llanamente Aurelio recibiendo el gusanillo. Mientras lo colocaba en una de las manzanas del árbol, Thomas inventariaba mentalmente: "Se comen los chepiritos, los huevos de las hormigas, los chapulines, los gusanos…"

- ¡Ajá! –Exclamó, emergiendo de su asombro- Usan el tubo digestivo de este animal para que el de ustedes trabaje menos

- Y se llaman "tentempié" –insistió Oscar, ya de regreso-, porque nos mantienen en pie cuando no hay chepiritos.

- Pero así, tan pequeños… -señaló con los dedos, con cierto menosprecio.

- En menos de dos meses su tamaño será cinco veces mayor. Aclaró Aurelio.

- Y entonces son sabrosísimos –dictaminó Oscar apretándose enfáticamente el estómago.

Las carcajadas simultáneas de Aurelio y Thomas fueron para Oscar la certificación de que ambos eran muy comprensivos con él.

Capítulo VII

Después del desayuno se recluyó en su cuarto, y dejándose llevar por un impulso irresistible inició la clasificación de los datos que había acumulado durante sus incursiones en las cercanías en compañía de Oscar. Se sentía eufórico, febril, contemplando los especímenes vegetales -algunos de aroma sospechosamente tóxico-, aunque la característica general de todos ellos era su rareza. Esta rareza de las flores le parecía un rasgo emparentado con lo misterioso de algunas conductas de las personas. Y no podía ser de otro modo puesto que a todos los cobijaba el mismo entorno natural. No había pasado día en que no se sorprendiera de algún detalle insólito, como del que se enteró mientras desayunaban: resulta que no había sido casual la invitación a la aldea, puesto que, de no haberla aceptado, se hubiera quedado solo en la cabaña, ya que Aurelio y su familia debían asistir:

- Porque esta noche dejará de vivir el papá del Curandero –le explicó Aurelio.

- Es decir –dijo Thomas vagamente intrigado por tan peculiar manera de aludir a la agonía-, que morirá.

- Eso… no sabemos cuándo –respondió Aurelio con una calma que contrastó con la firmeza de su convicción al agregar-; pero hoy, él termina de vivir.

A esa declaración nada había que agregar; así lo comprendió Thomas, pero por más que se devanaba los sesos no lograba descifrar el significado de tan contundente afirmación. En eso iba pensando mientras se dirigían a la aldea, hasta que Aurelio lo distrajo con su conversación. Caminaban despacio bajo el follaje de abetos y pinos que cubrían el valle donde se hallaba la aldea. Todas las casitas se ajustaban al mismo modelo en el que, como la de Aurelio, no faltaba el estrecho portal en uno de sus flancos. Dispersas con apego al aparente desorden de los claros del bosque, no precisaban de colindancias entre sí; sólo la escuela mostraba trazas de haber sido ubicada, costara lo que costase, en la cima de la más próxima de las lomas que formaban las estribaciones de las altas montañas que circundaban el valle. Por su parte, el rústico templo de dos aleros de tejamanil y muros pétreos ocupaba, como las demás casas, un claro del bosque, el más próximo a la casa del Curandero. Esta casa era la única que se salía del modelo general, siendo además la más grande.

El crujir de sus pasos enfatizaba la quietud mientras se aproximaban a la casa del Curandero, y aunque nadie asomaba ni su nariz, Thomas palpaba la oculta presencia de la gente, ya fuese por la voz femenina que entonaba un arrullo; por el lejano aplauso alborozado de la que hacía tortillas o el griterío infantil proveniente de la escuela. "¡Qué extraño!, pensó Thomas, no he oído ni un solo ladrido".

En la casa del Curandero nada delataba el intenso ajetreo que demandaban los preparativos para el inminente acontecimiento, preparativos a cargo de las mujeres más allegadas a la familia del protagonista, aunque no exclusivamente, ya que, quien más quien menos, todos en su momento participarían en alguna faena. Como era habitual en esa casa, no se escuchaba el más leve ruido y los que caminaban por los pasillos parecían no tener prisa. Ni siquiera la expresión del Curandero se había mudado; por el contrario, a Thomas le pareció descubrir un fulgor de alegría en sus pequeños ojos hundidos.

Creyendo obrar acorde con las circunstancias, Thomas quiso saludar al padre del Curandero.

- Gracias Thomas –le dijo el Curandero- En este momento no puede ser porque mi hijo está reconciliándose con él. Yo creí que no iba a venir a despedirse de su abuelo –agregó, mirando a

Aurelio-, pues por más que mi papá estuvo llamándolo a todas horas él no venía.

- Así que aquí está Rosendo –comentó Aurelio meneando la cabeza.

- Sí –corroboró el Curandero y luego, como disculpándose, se apresuró a aclarar-, pero a mi ver, seguramente se regresará luego-luego.

- No; si yo no tengo nada en contra de que haya venido –dijo Aurelio con tal vehemencia que el Curandero sonrió escéptico— Al contrario ¡qué bueno que reciba la bendición del abuelo!

- Pero pase, pasen. Les tengo preparado un tónico… Ojalá te agrade, Thomas.

Después de tomar la poción refrescante de yerbas aromáticas, el Curandero dijo:

- Bueno: Como Rosendo estará la mañana entera con mi papá, qué tal una vueltecita por los alrededores para que nos conozca nuestro invitado. ¿Te sobran ganas de caminar?

Por respuesta Thomas se puso de pie y al punto lo imitaron Aurelio y el Curandero.

Un mutismo incómodo dejó traslucir la congestión de sentimientos sin que, al parecer, Thomas ni Aurelio ni el Curandero fueran capaces de romperlo. Entonces, cuando pasaban frente al templo, él aprovechó la ocasión.

- ¿Hay algún sacerdote o pastor en la aldea?

Aunque el templo mostraba sus puertas abiertas se podía adivinar, por la hojarasca que lo sitiaba a la redonda, que se hallaba en un descuido rayano en el abandono.

Ya dejaban atrás el recinto de lo que había sido el atrio y que los muchachos de la aldea transformaran en cancha, cuando el Curandero se dispuso a satisfacer la curiosidad tanto de Thomas como de Aurelio, pues notó que éste se puso a su lado, con al propósito de no perder palabra de un episodio que desconocía.

Tiempo atrás, quizá porque era el lugar más ventajoso, el sacerdote optó por radicar en esta aldea y de ésta partía a las aldeas aledañas a celebrar sus oficios. Todo marchaba sobre ruedas hasta que comenzó a agriársele el carácter y en la misma medida que le empeoraba, la gente fue alejándose.

El sacerdote interpretó la progresiva tibieza de sus feligreses como un retorno a la práctica de los ritos ancestrales que, como muchos de ellos se asemejaban a los cristianos, siempre habían convivido disimuladamente con los del catolicismo. Lejos de adoptar la actitud favorable para recuperar lo perdido, con la lengua en ristre lanzó anatemas contra los supuestos herejes, sin omitir santo y seña de quienes él consideró los instigadores.

- Vine al templo, a buscarlo –Continuó el Curandero antes de que Aurelio lo interrumpiera-, pues como entonces era yo muy joven, pensé que podría convencerlo de que no siguiera echándose encima a la gente; pero en cuanto me vio, pelando tamaños ojotes me dio la espalda y al ratito regresó con un cacharro en la mano del que me salpicó agua bendita con los dedos, al mismo tiempo que a gritos me ordenaba que me largara de allí. Clarito sentí que las gotitas chisporroteaban en mi cara, de lo caliente que la tenía por la muina.

Era imposible que tal incidente pasara inadvertido, pese a la discreción absoluta del Curandero. La gente se presentó ante el sacerdote y, con la mayor serenidad, los más ancianos le pidieron que abandonara la aldea y no volviera jamás. Ante un hecho consumado, de nada hubieran servido los reproches; por consiguiente, el Curandero optó en adelante por eludir el más leve comentario que se refiriera al sacerdote.

Pero esta parte del relato ya no la conoció Thomas porque Aurelio lo había interrumpido. A pesar de su propósito, sólo al principio había logrado mantener su interés; después, ni se había percatado de lo que el Curandero narraba ni de la fascinación que tal relato había provocado en Thomas, porque todos sus sentidos se hallaban inmersos en sus propias emociones. Como si el tiempo no hubiera transcurrido, le preguntó al Curandero:

- ¿Por qué dices que Rosendo se regresará pronto?

La última cabaña había quedado atrás y ya se hallaban caminando por un sendero húmedo y sombrío, cubierto por un palio vegetal, dando origen a un ambiente en donde dominaba el intenso perfume de los jazmines trepadores, entreverados en las ramas de los encinos.

Para el Curandero era genuina, justificada y al mismo tiempo disculpable la preocupación impresa en la pregunta de Aurelio y no le regateó la contestación, pues hubiera sido una crueldad superflua aplazarla escudándose en lo inoportuno que había sido al formularla en presencia de un extraño. Justo era disiparle cualquier incertidumbre, ya que Rosendo no representaba ningún peligro para el porvenir de Oscar.

- Tú y yo lo conocemos –dijo amigablemente- y aunque han pasado muchos años, sigue siendo igual de orgulloso.

- No te entiendo –confesó Aurelio.

- Rosendo vino porque su abuelo lo llamó y, de pasadita, también con la esperanza de continuar su preparación como mi sucesor, pues en su orgullo, creía que nadie podía ocupar su lugar. Yo pienso que terminará por irse nuevamente muy pronto, pero… ¿Qué tan pronto? No lo sé; sin embargo, tarde o temprano se irá porque yo lo desengañé. Le dije que un hijo tuyo ya estaba preparándose.

- ¿Y no se enfureció?

- No; al contrario. Dijo que le daba gusto que uno de tus hijos ocupara su lugar.

- Pues si es cierto que se alegra, no veo por qué tenga que regresarse.

- Por lo mismo que ya te dije: por orgulloso, porque no aguantaría mucho tiempo culpándose de no ser mi sucesor a pesar de que es mi hijo.

El argumento no persuadió a Aurelio y cuando su expresión anunciaba ya la siguiente pregunta, el Curandero se le adelantó:

- Mira Aurelio: Rosendo dice que quiere quedarse. Ahora que si lo hace, si se quedara, no le quitará el lugar a Oscar porque mi hijo perdió mi confianza. Es más: se lo dije. Pero, según él, quiere hacer algo por la gente y si no es de ese modo, de otro. Entonces me pidió permiso para solicitarle al Gobierno que nos otorguen pies de cría de vacas. Dizque las regalan… ¿Será cierto?

Aurelio se dijo a sí mismo que todo lo que proviniera de Rosendo le parecería sospechoso, pero prefirió soslayar la posibilidad de ofender al Curandero pasándole la pregunta a Thomas.

- Tú qué crees Thomas.

Con la candidez que destila la ignorancia, Thomas, en vez de contestar preguntó:

- ¿Qué no tienen vacas?

- No.

- Pues entonces sería muy conveniente apoyar la propuesta de Rosendo para que no tengan que comprar la leche en otro rancho –argumentó Thomas.

- Es que no la compramos –aclaró el Curandero-, porque no estamos acostumbrados a beberla.

- ¿Y la que me estuvieron dando?

- Era leche de mujer –contestó el Curandero- Te la dimos porque era de gran ayuda para tus huesos y pulmones... Debía ser de mujer por la sencilla razón de que tú eres humano... Si fueras becerro, la mejor hubiera sido la de la vaca.

Habían llegado a donde el bosque se volvía luminoso y el sendero ladereaba intrincadamente como si fuera la proyección de enorme telaraña. Gran cantidad de colmenas tenían su enclave en esa maraña de veredas y una veintena de hombres se encontraba en silencioso afán cosechando la miel.

Sin emerger aún del pasmo al que lo había arrojado su recaída en la edad de la lactancia, Thomas no había puesto el menor interés en el colmenar y menos aún a lo que Aurelio decía:

- Pues no más por calarlo, dile que consiga las vacas. Quien quita y sea cierto.

- No, Aurelio; que cada quien se rasque con sus uñas... no sea que por andar rascándote con las ajenas salgas despellejado.

- Entiendo –concedió Aurelio- Lo dices por lo de las cabañas.

- ¡Ni más ni menos!

- Más vale prevenir que lamentar ¿Verdad?... Bueno, nos vemos después–y diciendo esto, Aurelio se encaminó rumbo a las colmenas.

Thomas había preferido mantenerse distante declarando que las abejas lo ponían nervioso.

- Lo lamento –agregó con pesadumbre-; me hubiera gustado conocer a la gente que está trabajando ahí.

- A todos los verás esta noche en mi casa –le dijo el Curandero, consolándolo.

- También me gustaría conocer a tu hijo… A propósito: ¿En qué quedó el asunto de las vacas?

- Estoy casi seguro de que la gente no lo vería con buenos ojos. Tú pensarás que somos muy tarugos…

- No dispongo de antecedentes para formarme un juicio. Si me das algunos… ¿Qué relación tiene con las cabañas?

- Pues verás –El Curandero acortó el paso al disponerse a satisfacer el interés de su invitado- El lugar donde se encontraba nuestra aldea no es el actual, ni las casas eran todas iguales sino cada una distinta, como en cualquier otro pueblo.

A lo largo del relato, Thomas fue comprendiendo a qué se debió el cambio de ubicación de la aldea y por qué todas las cabañas se ajustaban al mismo patrón de diseño. Cobró sentido la desconfianza del Curandero hacia los programas gubernamentales, cuyo origen había sido el engaño que se ocultaba en el señuelo de habitar en una vivienda mejor. Sin dejar de reconocer que desde los tiempos más remotos, los jacales que habitaban habían satisfecho sus necesidades, esa perspectiva les despertó el interés, debido a que siendo un programa de desarrollo social no les exigirían nada a cambio. Una vez que las nuevas cabañas estuvieron listas, cada familia ocupó la que le asignaron los representantes del Gobierno, pero inmediatamente después fueron derribados los viejos jacales. La gente contempló con tristeza los montones de escombros en que se habían convertido aquellos jacales donde habían nacido, pero se consolaban pensando que muy pronto en las tierras que ellos dejaron vacantes estarían fructificando sus futuros cultivos. Y cuando ya habían hecho las labores de limpia, cuando ya empezaban a crecer sus primeras milpas, llegaron varias cuadrillas de obreros con herramientas y maquinaria y todo lo arrasaron. Ante este hecho la gente se sintió vejada y decidieron comisionar al padre de Aurelio para que fuera a Morelia y expusiera a las autoridades su inconformidad. Como respuesta, vieron cómo se iban construyendo en sus tierras de labor las instalaciones propias de un gran aserradero. Encabezados por el padre de

Aurelio levantaron nuevamente sus jacales y se mudaron a ellos, abandonando las cabañas. Para aplacar esta rebelión, hicieron asesinar al padre de Aurelio, lo que les sirvió como poderoso argumento persuasivo para que regresaran dócilmente a ocupar las cabañas actuales. Finalmente, cuando nadie lo esperaba, dotaron a la aldea de las colmenas, en calidad de complemento de la indemnización por las tierras de labor. Como la capacitación para la explotación del colmenar no se incluía, la cobraron empleándolos como mano de obra barata en los aserraderos.

- Así sucedieron las cosas. Por eso, aunque no sabíamos nada de apicultura, desde entonces también nos hemos dedicado a la producción de miel -concluyó el Curandero.

A Thomas le pareció innecesario preguntar sobre lo que era obvio. Seguramente vendían los productos del colmenar y compraban otros sin los cuales los hombres que había visto trabajando no se encontrarían tan saludables. No obstante, esta conclusión sólo en parte resultó acertada, como pudo constar de las palabras del Curandero:

- Al principio no sabíamos cómo aprovechar los productos de la colmena, pero no pasó mucho tiempo para encontrarles aplicaciones y modos de combinarlos con los alimentos a los que hemos estado acostumbrados desde que tenemos memoria; todo esto con el propósito de no caer en la trampa de vender lo que producimos. Te mentiría si dijera que no compramos lo que nos hace falta; pero, aunque me mires con cara de no creer, te aseguro que es muy poquito. O si no, a ver, dime: ¿te hemos dado de comer alguna carne que no sea de gallina?... ¿Has visto que Aurelio y su gente la coman?

- No —Respondió maquinalmente.

- Bueno, pues como ya te habrás dado cuenta no somos enfermizos ni estamos en los huesos. Y para acabar pronto: ¿Tú mismo, cómo es que ya estás bien después de que llegaste con una pierna casi podrida?

- Es verdad —murmuró Thomas mientras en su mente se agolpaban multitud de preguntas, todas relacionadas con los chepiritos- Lo reconozco... Sin embargo, todo me resulta en extremo misterioso... fascinante.

- Al hombre le ha fascinado siempre lo misterioso –el Curandero acompañó la reflexión apoyando uno de sus brazos sobre los hombros de Thomas-, y el misterio es como un enjambre dentro de la cabeza… ¡Deja que escapen tus preguntas! A lo mejor yo consigo que todo esto deje de ser misterioso y sólo sea fascinante.

Se habían detenido en la cima de un collado que dominaba un mosaico de parcelas cultivadas con gran diversidad de plantas: alhelíes blancos, rosados y morados en vecindad con los nardos; éstos, de las caléndulas y de los heliotropos; más allá los inefables claveles y gladiolos, y a todas las podía identificar Thomas gracias a que, después de las mujeres, la jardinería era su gran pasión. No así la exuberante floración del acahual acamellonado, seto confinante de cada lote, que fue un misterio pendiente de esclarecer.

"De manera que los aldeanos también practican la floricultura" –Pensó y su mirada se paseaba con placer- Pero ¿para qué cultivaban algunas plantas que no eran de flor cortada, sin valor comercial? La respuesta se la trajo un vientecillo que jugueteaba con las fragancias sobre las que parecía rodar el rumor de miles de insectos melíferos, y que a veces dejaba asomar fragmentos intermitentes de voces femeninas. No había duda, las plantas cuyas flores no se destinaban a la venta las cultivaban por su riqueza meliflua y, seguramente, las enormes margaritas amarillas del acahual silvestre no identificado poseían en alto grado esa característica. Además de proveer a las abejas, ¿tendría este vergel una aplicación análoga a la de los manzaneros del huerto? Quizá las mujeres cuyas voces fragmentarias llegaban hasta él tenían a su cargo el cuidado de las larvas denominadas "chepiritos".

De estas reflexiones lo substrajo el Curandero.

- Las flores son para nosotros tan importantes como el maíz. Así como el maíz es indispensable para nuestra vida, también lo son las flores; pero la importancia de las flores es aún mayor cuando dejamos de vivir. Hoy te darás cuenta de esto que te digo… No vayas a pensar que sólo para eso las sembramos; también para las abejas, que se abastecen de su néctar, y algunas, como las gladiolas, los nardos y otras más, para venderlas en Yoricostio.

- Y también para que se alimenten los chepiritos, ¿no?

- ¡Ojalá sirvieran para ellos!... A los chapulines sí se les puede cultivar en alfalfares, al "tentempié" en los manzaneros; los escamoles tienen también su modo, pero los chepiritos no dependen de nadie.

En ascuas por saber más acerca de lo que al parecer era una auténtica panacea, Thomas esperó a que el Curandero se explayara en forma espontánea. Al recordar su fracaso cuando Hugo le había respondido con evasivas a sus preguntas, temió que ocurriera lo mismo y que, además, su insistencia diera pié a suspicacias acerca de algo cuyo interés científico quizá él lo hubiera estado exagerando. Si, como en otras ocasiones, el Curandero no se anticipaba a contestar a sus preguntas no formuladas, cabría pensar en que esta información se guardaba bajo siete sellos.

Ya habían descendido de la colina y se dirigían al caserío por un camino espacioso y bien nivelado que arrancaba del inmenso vergel. Delante de ellos, tres jóvenes mujeres empujaban sendas carretillas rebosantes de flores y, detrás, se iba aproximando otro grupo que, después de rebasarlos, dieron alcance a las que iban adelante. A Thomas se le fueron los ojos tras de sus caderas, pero fue sólo un breve devaneo. También en su mente tropezó con un devaneo: ¿Cuántos ángeles caben en la punta de un alfiler?, se preguntó por analogía con el tumulto de preguntas que se alojaba en la punta de su lengua, y mientras sonreía de su propia ocurrencia se le desprendió una de tales preguntas:

- ¿Por qué no han podido alimentar a los chepiritos como lo han hecho, por ejemplo, con los chapulines?

- Porque no sabemos qué es lo que comen.

"Me lo temía", pensó Thomas al atribuirle a la respuesta la función de tapaboca. No obstante, atinó a concederle a las palabras la carga de veracidad con la que el Curandero las había pronunciado, y viendo en ellas la oportunidad que sin buscarla le caía del cielo, le propuso:

- Si me lo permite, yo podría intentar descubrirlo. Como usted sabe, soy biólogo…

El Curandero emitió un rumor antes de decir:

- Sería bueno… ¿Y cuánto nos cobrarías?

- ¡Cómo que les cobraría! –Protestó Thomas sin poder evitar sentirse ofendido- Lo que yo deseo sinceramente es demostrar mi gratitud haciendo algo. Sé que por mucho que lograra hacer no compensaría los beneficios que he recibido de ustedes.

- No digas eso Thomas; lo hubiéramos hecho por cualquier persona.

- No lo dudo; pero es el caso que soy yo el que fue salvado por ustedes… ¡Por favor!

- Considera cuánto tiempo perderías en algo que te distraería de lo que en verdad te interesa.

- Y si no hubiera sido porque usted me curó, no podría hacer absolutamente nada porque estaría muerto ¿verdad?… Usted y la familia de Aurelio, en particular Otilia, han sido mis bienhechores. Por lo que a ella se refiere, tengo el propósito de llevarla con algún oftalmólogo de México para que le corrijan los ojos. Yo se lo ofrecí a sus padres, aunque no externaron su consentimiento. Por cierto que recién se los propuse, Otilia reaccionó como si la hubiera insultado y en lo sucesivo se mostró muy retraída. Poco a poco he ido recobrando su voluntad y ahora creo que ya somos buenos amigos. Ojalá que no ocurra algo parecido con usted, porque me dolería mucho. Si ahora desconfía usted de mí, no se lo reprocho porque se debe a que no me conoce a fondo. Pregúnteme todo lo que quiera saber; no le ocultaré nada ni le mentiré.

Los recelos del Curandero se iban alejando sigilosamente de su corazón. Llegó a pensar que el ofrecimiento de Thomas carecía de dobles intenciones y que, por lo demás, no se correría ningún riesgo si se le permitía realizar lo que pretendía; por el contrario, sería beneficioso para la comunidad si él lograba dar con la clave para domesticar los chepiritos. El hecho de que los estudiara detalladamente y durante el tiempo que considerara necesario, no implicaba darle a conocer ni una sola de las fórmulas que se transmitían de un Curandero a su sucesor. De pronto lo asaltó la misma premonición de cuando lo pusiera en un estado hipnótico. La amenaza presentida lo obligó a hacer un alto en el camino. Inclinado levemente hacia adelante y con sus brazos anudados en la espalda parecía danzar en el mismo sitio donde se había parado, y después de balancear su cabeza varias veces se plantó frente a su perplejo acompañante, lo miró fijamente a la vez que de su boca salía un murmullo vibrante, casi inaudible:

- Tú puedes preguntar cuanto quieras: con los ojos, con la boca... y todas las respuestas te las llevarás cuando te vayas sin que te pesen. Porque tú eres viajero y nosotros somos como el paisaje que tú miras al pasar, que nada esconde si lo sabes mirar. Y tú lo sabes. Nosotros hemos contestado siempre, a veces sin que tu boca pregunte, porque vimos tu pregunta en tus ojos. ¿Qué caso tiene que hurguemos en tu historia? ¿Qué haríamos con ella cuando te hayas ido? Mejor háblanos de ti, de lo que eres hoy, ni más ni menos como si fueras cantando o silbando por el camino, pues al fin y al cabo nosotros somos como un árbol, como una hoja, o una piedra del paisaje al que llegaste: no de chiripa, sino porque así debía ser —El Curandero hizo una breve pausa durante la cual miró escrutadoramente los ojos de Thomas-. ¿Sabías que ibas a parar en la casa de Aurelio?... Así es la vida, Thomas. Sabemos dónde nacimos, no donde terminaremos de vivir. Debemos esforzarnos, mientras vayamos caminando entre esos dos momentos, por llenar a cada paso el cuenco de las manos con toda la felicidad que les quepa, y si se escurren algunas gotas, ¿no te daría gusto dejar un poco de felicidad por donde vas pasando?

- ¡Ah, por supuesto! —Respondió Thomas sorprendido y desconcertado a la vez por lo inesperado de las reflexiones del Curandero- Entonces, ¿acepta mi colaboración?

- Como no es algo personal, tengo que consultarlo. Luego que sepa una respuesta te la comunicaré.

- ¿Cuándo, más o menos? —insistió Thomas.

- Si puedes caminar rápido, sígueme y si no, no. Luego nos vemos en mi casa... Discúlpame: mi padre está emprendiendo el otro camino.

Sin mediar comentario alguno, Thomas caminó a la par que el Curandero. Entraron al cuarto del moribundo, el cual con una sonrisa como sólo se dibuja en las bocas desdentadas de los ancianos, saludó a su hijo, y al mismo tiempo que se extinguía la sonrisa se despedía de él.

Thomas, fascinado por el rostro del cadáver, no se dio cuenta de que el Curandero se había arrodillado junto al lecho ni cuando, poco después, se puso de pie y mediante un gesto les indicara a todos los que ahí se hallaban que desalojaran el cuarto. Rosendo lo regresó a la realidad al tomarlo del brazo y jalarlo, rogándole que los dejara solos a él y a su padre, pues iban a colocarle el sudario.

Ya afuera cobró conciencia de su fatiga y fue a sentarse en el corredor, donde habían dispuesto largas mesas con bancas de igual longitud a cada lado. Poco después de hallarse allí, vio aproximarse a Otilia portando un plato en cada mano.

- Te traje algo de comer. A ver si te gusta. Es lo que se acostumbra ofrecer en los velorios.

Sus manos temblaban levemente cuando le acercó los platos a Thomas, pero como se hallaba distraído observando a las personas que llegaban, no se los recibió. Hasta que Otilia colocó uno de ellos en la mesa reaccionó y se apresuró a recibir el otro que aún sostenía. El breve rose de sus manos nada significó para Thomas, mientras que para Otilia representó un premio inesperado que sobrepasaba al placer de servirlo, placer disfrutado desde el momento en que ella se ofreció espontáneamente a llevarle los alimentos. Deseaba sentarse junto a él, quedarse a acompañarlo, puesto que se encontraba solo. Que todos la vieran ahí, junto a ese hombre como no había ninguno otro en la aldea y sentir que ella y sólo ella disfrutaba de su compañía. Sin embargo, bastó el fugaz contacto de sus manos para que todo cambiara, para que se sintiera presa de una conmoción que le bloqueaba su presencia de ánimo. Ya estaban los dos platos sobre la mesa esperado a que Otilia se animara a sentarse, pero la invitación de los platos no tenían valides sin la voz de Thomas... y ésta no tardó en escucharla:

- Gracias, Otilia... ¡No te vayas!... Por favor acompáñame.

¿Realmente le había hablado o era su imaginación? Lejos de que esta duda la desconcertara, le reveló la naturaleza de sus sentimientos; no era sino la corroboración de la metamorfosis sufrida por su ternura inicial hacia un ser al que había asistido cuando lo encontró desprotegido y expuesto a los peligros del bosque. La mujer silenciosa de intenciones confusas, de anhelos parecidos a oráculos aún sin descifrar, que instintivamente evadía su identidad y alimentaba el misterio, ahora había intentado mostrar, aunque tímidamente, que estaba lista para emprender su primer vuelo, pues ya había dejado de ser crisálida.

Otilia no se dio cuenta de que había dado el primer paso en un camino del cual ignoraba sus riesgos, pero de lo que sí tuvo consciencia plena fue de que sus miradas se cruzaron un momento antes de alejarse de allí, y ese momento adquirió para ella dimensiones de eternidad.

En el transcurso de la tarde, lo mismo que en las primeras horas de la noche, a la gente que iba llegando se le hacía pasar a la mesa donde estaba Thomas y, al igual que a éste, le servían de la misma comida. Todos traían en una mano un par de velas y en la otra un ramo de flores. En cuanto se sentaban surgía la conversación entre ellos y muy pronto también Thomas se había incorporado a ella, tal como se lo había pronosticado el Curandero.

Cuando la puerta del cuarto donde murió el anciano fue abierta se acercaron las personas que habían terminado de comer, le entregaron las ofrendas al Curandero y entraron.

El catre donde antes reposara el padre del Curandero había sido retirado y a Thomas le sorprendió ver que su cadáver se hallaba cuidadosamente colocado en el suelo directamente, es decir, sin siquiera un petate de por medio.

-De este modo el cuerpo se encuentra descansando en el regazo de la madre Tierra —A la voz de Rosendo, intencionalmente apagada, Thomas la percibía serena mientras le explicaba el simbolismo de la ceremonia.

Era el hijo abandonándose confiadamente a un coloquio íntimo de amor y de gratitud, reconociendo su condición de brizna de polvo, pero brizna de un grandioso total. Estar sobre la tierra era reconocerla como su confidente en una postrera confesión de esperanza, la esperanza de ser elegido nuevamente para ser transformado mediante el poder permanente de renovación que ella posee. Era suplicarle con mansedumbre le conceda el permiso de retornar una vez más a su seno para volver a disfrutar el privilegio de otra metamorfosis.

A Thomas le conmovió mucho el significado de este ritual, que con voz serena le había explicado Rosendo, y cuando le comentó que le parecía admirable el hecho de colocar el cadáver directamente en el suelo, le aclaró:

- No, no está a ras; está sobre una cruz de ceniza.

La cruz no requería de explicación; pero ¿por qué de ceniza? Thomas aplazó la aclaración de este enigma y prefirió hacer otra pregunta:

- ¿Lo van a sepultar así, sin ataúd?

- ¡Cómo crees!... Claro que no. Pero debe estar primero en la tierra nueve horas. Después lo meteremos en la caja que, por cierto, desde ayer la está haciendo el carpintero con la madera del cedro que el padre del abuelo sembrara cuando nació.

Continuaron llegando ininterrumpidamente más personas. Parado en el vano de la puerta, el Curandero recibía las velas y las flores, y como a éstas no las podía colocar en el suelo, cargaba ya un grueso ramo que Rosendo le quitó para ponerlas en un recipiente con agua. Esto impidió que Thomas continuara preguntando, pero sólo momentáneamente porque Rosendo lo invitó a salir de ahí con él. Afuera, lo primero que Rosendo hizo fue presentarse, lo cual no era necesario, pues Thomas había deducido quién era él desde el momento en que fue el único que acompañó al Curandero cuando amortajaron al abuelo. Aunque también salía sobrando que Thomas se identificara, prefirió confirmárselo y al hacerlo agregó sin interrumpirse:

- Soy biólogo y fui comisionado por un instituto de mi país para una investigación que tuve que suspender porque sufrí un accidente no muy lejos de aquí. Gracias a tu padre no perdí una pierna que se me gangrenó.

- ¿Y vas a continuar tu trabajo? –dijo Rosendo.

- No, por lo pronto eso es imposible, porque hace más de seis meses que lo interrumpí, y al fenómeno en cuestión ya le perdí la pista.
- Entiendo. Es como las lluvias, tienes que esperar a que de nuevo suceda el año que viene.
- Más o menos, así es.
- Pero, por lo que veo, ya te encuentras bien ¿o no?
- Hoy fue mi primera prueba; espero que tu papá me dé de alta.
- Y si es así, ¿te irás muy pronto?
- También dependerá de lo que me resuelva él, pues yo quisiera manifestarles mi gratitud haciendo algo en beneficio de ustedes.
- ¿Cómo qué?
- Le propuse a tu papá una investigación.
- Yo también quisiera quedarme, con una intención parecida a la tuya; sólo que yo lo haría para ganármelos, para que vean que ya no soy el que era cuando me fui.
- Bueno, nadie ignora que tú eres de aquí. Esta es una ventaja para realizar cualquier proyecto que te propongas.
- No, ni lo creas. Mi gente no perdona tan fácilmente, comenzando por mi papá. Mi mayor deseo al regresar fue que me permitiera continuar mi preparación para ser el Curandero sucesor. Es algo que me correspondería por derecho, ya que siempre ha sido el hijo quien aprende del padre y así ocupar su lugar a su debido tiempo.
- Yo sé que a Oscar, el hijo de Aurelio, tu papá lo está entrenando…
- Sí, ya me lo dijo mi papá.
- ¿Y entonces?
- Pues me dijo sin rodeos que ni lo pensara.
- Supongo que tienes más alternativas.
- ¡Ya lo creo!… ¡Muchas!… Pero aunque no dejo de reconocer que tengo un poco de culpa, me duele que me haga a un lado en eso que más me ilusionaba. Me aguanté de decirle a mi papá lo que en ese momento pensaba -¡Para algo pasan

los años!- pero no se me ha borrado el amargor de boca que me quedó.

-Tal vez si hubieras regresado antes de que comenzara el entrenamiento de Oscar... ¡Qué! ¿Duraste muchos años fuera?

- ¡Uuuuh...! Con decirte que hasta perdí la cuenta. Y es que los años se me fueron volando. Sin embargo, siempre deseaba volver. Pienso que en buena medida mi abuelo tuvo que ver en el hecho de no haberme regresado pronto. Me había contado tantas cosas interesantes de todo lo que él había visto y aprendido en sus correrías. Porque has de saber que cuando el hijo sustituye al padre, entonces el viejo se va a recorrer el mundo... Se entiende que no solamente México.

- Y tú decidiste invertir la regla.

- Sí, y no me arrepiento. Es más: a mi manera de ver es mejor abrir los ojos temprano que tarde. Cuando tú nunca has salido del lugar donde naciste, tu mundo principia y termina en tu pueblo. Visitar otros lugares y conocer a otras gentes, te mete ideas en la cabeza. Aquí, todos te conocen y eso te hace sentir que eres alguien, mientras que si te encuentras en lugares lejanos nadie te conoce ni tú conoces a nadie. Entonces, de repente, te sientes muy solo; pero este sentimiento se compensa cuando disfrutas el placer de hacer lo que te venga en gana sin que nadie te lleve la cuenta. Andando en varios Estados del país, muchas veces me pregunté si la gente que veía era mexicana, porque si esa gente lo era, entonces yo, ¿qué era? Son tan diferentes a nosotros en su modo de vivir... Y lo que más me desconcertó fue que siempre te tratan de fregar. Pero verás: cuando me topé con poblaciones de indígenas puros la cosa fue peor, y te voy a decir por qué. Como ya de dije, los mestizos veían la manera de sacar ventaja de mí, pero no dejo de reconocer que me tendían la mano; en cambio, los que eran indígenas como yo, eran tan hostiles que me iba bien con ellos cuando ni un lazo me echaban, pues hubo ocasión en que me trataron como perro en callejón ajeno. Entonces me preguntaba: ¿seremos también así en mi aldea?

- ¡No, no son así, sino todo lo contrario! −afirmó Thomas enfáticamente.

- Así me contestaba a mí mismo. Entonces me entraba la nostalgia... Al recordar a mi familia, las ganas de regresar iban creciendo tanto que casi no me dejaban respirar. Sin embargo ¿con qué cara me le presentaría a mi papá? —Rosendo deseó en este momento que su interlocutor fuera Aurelio. Sentía el impulso de dar rienda suelta a sus sentimientos reprimidos durante su ausencia, pero Thomas no era el amigo, el compañero inseparable, el hermano a quien había amado tanto en su juventud y deseó, con más vehemencia aún, que Aurelio le perdonara y que cuando lo viera nuevamente nada impidiera que le diera un abrazo de bienvenida. Con estos pensamientos en mente agregó -. Además de este obstáculo. yo reconocía que había otras personas con las que no me había portado bien... En fin, que a lo mejor no estaría aquí ahora si el abuelo no me hubiera llamado.

- ¿Cómo te llamó?

- Por medio de un presentimiento, una corazonada, o como quieras nombrarle a algo que para mí fue más que una llamada urgente, sino más bien una exigencia... Entonces, no quedó más remedio que hacer a un lado la vergüenza. Tenía que acudir, pues si no hubiera obedecido no habría recibido su bendición y mi espíritu hubiera quedado para siempre con hambre, porque la última bendición es el alimento más valioso para el espíritu... Ahora me alegro de haber venido, obedeciendo a su mandato, porque además me dio consejos que me animaron a esperar.

- Comprendo – dijo Thomas, y para esclarecer lo que Rosendo había dicho entre líneas, agregó- No obstante, si tu papá se mantiene en lo dicho ¿has pensado cuál sería la mejor alternativa para hacer algo provechoso por la gente?

- Por lo pronto, conseguiré un pié de cría de vacas; después... y según se presenten las cosas...

Thomas percibió una chispa maligna en la mirada de Rosendo, y cuando se disponía a hacerle la pregunta que corroborase sus sospechas, tuvo que quedarse en ascuas, porque el Curandero los llamó a ambos. Era el momento de levantar del suelo al difunto abuelo.

Al entrar en la habitación, el olfato percibió el pregón de la madera de que había sido hecho el ataúd. A Thomas se le concedió el honor de que ayudara a colocar el difunto dentro de la caja. Hecho lo anterior, la cruz de ceniza quedó visible, pero por muy poco tiempo, ya que fue cubierta con otra a base de pétalos arrancados de las flores que la gente había llevado. Estos pétalos, según le explicó más tarde Rosendo, serían depositados en un chiquigüite después de sepultarlo. En la noche de cada uno de los días del novenario el Curandero haría otra cruz de pétalos sobre la de ceniza, guardando los de la noche anterior en el mismo chiquigüite. El último día, además de la cruz de pétalos se formaría otra sobre una tabla, pero ya no sería de pétalos sino a base de arena muy fina teñida de diferentes colores, a fin de plasmar en ella dibujos simbólicos de una policromía similar a la de los antiguos códices.

Motivado por esta descripción, Thomas se propuso asistir a los nueve días que marcaba la costumbre de la que le había hablado Rosendo.

El pequeño cementerio era un recinto circundado de vetustos pinos que suplían los muros que en otros panteones son necesarios para delimitarlos. El cortejo fúnebre que desde la puerta de la casa había avanzado en silencio, al ingresar al panteón -ubicado en una colina alargada a espaldas del templo- comenzó a entonar un cántico cuyas modulaciones le conferían el tono de un lamento. Dos filas de pinos cruzaban el área, y de las ramas de algunos de ellos colgaban prendas deshilachadas de tela que el viento movía, a veces suave y otras violentamente, confiriéndoles un tinte fantasmal cuando la luz crepuscular les concedía una pincelada de cuando en cuando. Thomas comprendió el significado de esos hilachos cuando del árbol más próximo a la tumba en la que sepultaron al anciano colgaron sus prendas de vestir.

A partir del día siguiente Thomas, en compañía de Oscar o bien de Hugo, se dirigió a la aldea. En cuanto llegaban a la casa del Curandero, Rosendo se apresuraba a recibirlos, tratando con inusual cariño a los hijos de Aurelio. Más tarde llegaba éste acompañado de Elodia y Otilia. Como en esos acontecimientos era costumbre que las mujeres se dirigieran a la cocina en cuanto llegaban, Elodia hurtaba la mirada al saludar a Rosendo y de inmediato se dirigía hacia allá, llevando tras ella a Otilia. No huía de Rosendo, sino del peligro de sentir nuevamente la conmoción que le produjera verlo la primera vez. Por su parte, Aurelio lo miraba fijamente mientras estrechaba su mano y, sin darse cuenta, le imprimía tal fuerza que para Rosendo era el saludo más doloroso de su vida. También sin darse cuenta, con ese apretón de manos le dio el pretexto para tomarlo a broma y de este modo ir hilvanado los comentarios que poco a poco se iban convirtiendo en una conversación formal.

Thomas no podía percibir el menor detalle de ese drama silencioso que vivían los tres, pues toda su atención se centraba en el enigma de los chepiritos, en la forma de obtener algún indicio de su naturaleza con cualquiera de los presentes, si bien sospechaba que no todos poseían este conocimiento. Quien con toda seguridad la tenía era Rosendo, pero aquí la duda consistía en la estrategia a seguir para acercársele.

En la mañana del décimo día la gente acudió a la casa de los dolientes para celebrar la última ceremonia del ritual funerario. Los cuatro hombres que habían cargado el ataúd, ahora serían los que recogieran del suelo la ceniza en sendos platos, ayudándose con una escobilla, cada cual a partir de uno de los extremos de las dos líneas que formaban la cruz. Después de depositar la ceniza en el chiquigüite de los pétalos, cargaron la tabla de la cruz de arenilla para llevarla en procesión al panteón. Cuando llegaron al sepulcro, practicaron un hoyo en el centro del túmulo y dentro de él vaciaron la arenilla y el contenido del chiquigüite. Finalmente lo cubrieron con tierra.

Como si regresaran de una fiesta campestre, conversaban con animación de cualquier tema, excepto del que se refiriera al difunto. Habían cumplido con todas las exigencias que contribuirían a hacer del descanso un descanso sin inquietudes ni tribulaciones. La congoja por la nostalgia de su presencia se había esfumado, sólo quedaba un sentimiento de tranquilidad y de satisfacción por haber honrado a su difunto con un dolor secreto, sin aspavientos que provocaran la compasión. Todos encerraban herméticamente en su corazón el dolor por su ausencia, que sería incurable, pero en honor al que se ausentaba no se debía exteriorizar esa aflicción, porque sabían que un dolor que se manifiesta deja de ser homenaje para convertirse en reclamo.

Quizá por el interés que le despertaba la conversación de Aurelio, Thomas se había sentido libre de toda molestia, no obstante que, además de la caminata, había permanecido de pie durante todo el tiempo que había durado la ceremonia en el panteón.

- Hemos depositado en el seno de la tierra todos los espíritus del difunto –le explicó Aurelio- Así como fueron nueve los meses de la gestación, las nueve cruces que se formaron representan los espíritus que cada mes fueron cubriéndolo, tal como las capas de la cebolla. La cruz cromática viene a ser el vestido de fiesta que lo engalana para la eternidad.

- Ahora es la Tierra la que ha quedado preñada –comentó Thomas meditabundo cuando ya se encontraba en la casa del Curandero, descansando al lado de Aurelio.

- ¿Ahora comprendes por qué no ha muerto? Sólo terminó de vivir – le recordó Aurelio. Ambos sonrieron mientras observaban en silencio a los rezagados que iban llegando; entre ellos Rosendo.

Capítulo VIII

Como después de los funerales Thomas manifestara su deseo de regresar a la cabaña, declinó, bajo promesa de aceptar en el futuro, las invitaciones del Curandero y de otras personas con quienes tuvo oportunidad de relacionarse. Sólo con Rosendo se detuvo conversando; pero como el momento no era el más oportuno, acordó un reencuentro próximo, pues tenía el propósito de averiguar qué tanto había aprendido durante su truncada capacitación para ser curandero.

Habiendo emprendido el retorno a media mañana, el sol ya caldeaba sin miramientos las ráfagas frías del viento montañés. Thomas, movido por un deliberado propósito compensatorio se empeñó en hacer llevadero el rigor del viaje hablando de anécdotas personales según se le venían a la mente, comparando tal o cual costumbre de un país con su análoga del otro –como la de los funerales- y hasta sacó a relucir episodios chuscos de su vida que él mismo festejaba con sonoras carcajadas; los demás reían también, más por contagio que como consecuencia de los incomprensibles desenlaces. Hasta Otilia, haciendo a un lado sus remilgos se unió al buen humor inaugurado por Thomas.

A veces, sin darse cuenta, su verborrea desembocaba en melancólico canturreo, evocador de recuerdos nostálgicos y entonces, temiendo naufragar en ellos, emergía de su oleaje con la exclamación mental: "Ya habrá tiempo de reflexionar" y, acto seguido, reanudaba la charla.

En cuanto llegaron a la cabaña se excusó de acompañarlos a comer. Recluido en el cuarto, no salió de él hasta que lo llamaron a cenar. Fue entonces cuando le preguntó a Aurelio:

. ¿Hay alguna agencia de correos en la aldea?

- En cierta forma, sí –contestó, sin entrar en pormenores, un poco intrigado- ¿Deseas enviar una carta?

- Sí, aunque no de inmediato... Quizá debí ocuparme de ello mucho antes, pero como... -Dudó. Intentaba ser confiado como lo eran todos con él pero, obedeciendo a algo más poderoso que su voluntad, se abstuvo de explicar qué lo movía a aplazar la carta- En fin: ¡Ya habrá tiempo!

- ¡Bien!... Si así lo prefieres... Por lo pronto, te recomiendo que ya vayas a acostarte, porque mañana, antes de que amanezca, acompañarás a Otilia, si todavía te interesa.

Congratulándose por esa extraña virtud de anticiparse a sus deseos, Thomas se regocijó con tan oportuna noticia, precisamente ahora que, por esperar a la realización de este evento, acababa de aplazar el envío del informe. En realidad no era un informe sino la propuesta disimulada de un nuevo proyecto de investigación, el cual lo desviaría temporalmente del que lo había llevado hasta allí en su misión de descubrir el destino final de las mariposas que emigraban de Canadá hacia el sur del continente.

Sin desdeñar el interés científico de esa investigación, solicitaba la autorización para emprender el nuevo proyecto, cuyos resultados no sólo incrementarían el prestigio de la institución por sus alcances científicos, sino que -y en esto estribaba su trascendencia- ofrecerían al mundo un recurso alimenticio de incalculable valor: los chepiritos.

Tras la reseña sucinta de sus propias observaciones y de los datos que le proporcionaron los habitantes de la aldea durante los funerales, Thomas había plasmado en el papel las etapas de la futura investigación, desde la ubicación taxonómica de los chepiritos, su ciclo biológico, sus relaciones bióticas y abióticas incluyendo su nivel trófico y, como culminación, los análisis bioquímicos necesarios para establecer las propiedades nutritivas de lo que al parecer eran los chepiritos: cierto tipo de larva.

En este punto Thomas se enfrentó a un enorme vacío: No había visto aún a un solo chepirito, ni vivo ni muerto, sólo pulverizados como ingrediente de una mezcla. Así, sin una descripción prolija del espécimen por investigar, su propuesta era insensata. Gracias a sus correrías cotidianas por los bosques aledaños se encontraba en posición de detallar en ese informe el biotopo e intentar una exposición preliminar de la biocenosis... y ¿para qué?

Su primer impulso había sido el de hacer trizas las hojas en las que había redactado el proyecto.

- ¡Qué bueno que no lo rompí! –pensó, satisfecho y esperanzado, a la vez que desahogaba el primer bostezo.

Horas más tarde, mientras Thomas dormía a pierna suelta en su cuarto, Otilia en el suyo se movía en la cama como chepirito en la sartén caliente. Los ronquidos de Thomas llegaban a sus oídos mitigados por la pared de tablas y, sin embargo, ella los escuchaba destacando de los innumerables ruidos nocturnos, como si fuera un solista en medio de un concertante atronador. Eran sonidos dulcísimos, como mensajes amorosos que ella traducía sin dificultad, atribuyéndoles una enorme carga de significados que su fantasía, carente de prejuiciosas prohibiciones, la mantenía cautiva en un encantamiento de cuento de hadas. Este ilusorio coloquio y el tropel de imágenes de un Thomas gentil y apasionado fueron induciéndola a complacerse en una miscelánea de situaciones voluptuosas que terminaron por hacer de sus propias manos el supletorio del sospechado objeto de sus deseos.

Poco tiempo después de haberse derrumbado fulminada por el sueño despertó sobresaltada, y más por impaciencia que por temor de salir después de lo habitual fue a despertar a Thomas. Por más que se encontrara profundamente dormido, Thomas era de sueño ligero, de manera que, sin tener conciencia de que lo habían despertado una hora antes de lo convenido, se despabiló con prontitud.

Caminaron inmersos en una oscuridad acentuada por el desaliñado fulgor de las estrellas, todavía en su plenitud a todo lo ancho del firmamento. El sendero, invisible a los ojos de

Thomas, serpeaba entre matorrales y grupos compactos de coníferas, con los cuales hubiera tropezado interminablemente de no ser porque Otilia, por consideración a él, aminorara el paso desde las primeras colisiones.

Después de caminar largo trecho, a Thomas le pesó su propio mutismo.

- Así que este es el "Camino de las mujeres" –fue lo primero que se le ocurrió comentar, sólo por romper el silencio.

- Sí –contestó y no agregó más temiendo que el temblor de su voz delatara la rebeldía de su corazón. Había estado junto a Thomas en diversos lugares, pero ninguno como éste, en medio del bosque, aspirando el enervante olor de su cuerpo y sintiéndose indefensa ante la seducción de que eran cómplices los aromas del bosque que en ese momento, cuando la aurora se encuentra en el umbral, alcanzaban su clímax.

Tuvo la sensación de que el escueto monosílabo se había atorado en su garganta y carraspeó con disimulo para desahogarla de la confusión que la amordazaba. Después de torturante pausa logró continuar.

- Se llama así porque es un camino que hicieron las mujeres de la antigüedad para venir a recoger chepiritos; si los hombres vienen solos, no pasarán tres días sin que todos los chepiritos huyan a algún lugar lejano –Thomas se sintió conmovido por la dulce sencillez de esa voz cuyas vibraciones parecían atenuadas como por un secreto temor- El olor de los hombres les disgusta. No te inquietes: como vienes conmigo no sucederá eso, porque mi olor envolverá al tuyo y así no se darán cuenta de tu presencia.

Si bien Otilia caminaba con una lentitud intencional, había ocasiones que olvidaba hacerlo y entonces Thomas comenzaba a tropezar una y otra vez, dando como resultado que se fuera rezagando. Por más que se esforzaba en seguirle el paso, sus ojos no se adaptaban a la oscuridad, y esta invalidez comenzaba a irritarlo.

Habiendo subido y bajado tres colinas donde el follaje se estampaba difusamente sobre un cielo apenas delatado por pinchazos luminosos, iniciaron el ascenso de otra, más pronunciada. A poco andar, Otilia se detuvo y le dijo:

- Este paraje es muy peligroso. Ya ha sucedido que aquí alguna de las mujeres se desbarranque por falta de precaución. Será mejor que te tome de la mano... No sea que te vayas a caer.

El silencio del bosque era casi tangible, como la misma oscuridad, y el mudo lenguaje de la fragancia picante de los pinos anunciaba la inminencia de la primavera. No obstante, el cuerpo de Otilia parecía ignorar que no hacía frío pues se estremecía a hurtadillas, conteniéndose, como para amplificar el deleite producido por la firme presión de la mano de Thomas, quien, por su parte, disfrutaba de la seguridad que le proporcionaba la mano que lo guiaba entre las sombras.

Inesperadamente le asaltó la idea inquietante de estar siendo guiado, y esta sensación lo sobrecogió al imaginar el angustioso desamparo de las personas cuyos ojos están privados de su función natural. "Si los ojos de Otilia pueden ver en la oscuridad —pensó-, los ojos de Otilia son sobrenaturales". Esta conclusión lo impulsó a retirar su mano de la de ella, pero no pudo hacerlo porque el magnetismo de su tacto lo domesticó.

- ¿Tus ojos pueden ver el camino? – fue la pregunta que se le escapó por el portón de los errores.

Otilia titubeó un instante entre el azoro y la indignación. Una oleada de rebeldía rencorosa y vengativa la impulsó a responder con insospechada agresividad, dejando perplejo a Thomas.

- Que mis ojos vean o no vean el camino aunque esté obscuro no es asunto tuyo ni motivo para que te escandalices. ¡Óyeme bien!: Si yo no tropiezo en la oscuridad y tú sí, eso quiere decir que no soy tan torpe como tú. Pero además eres tan tonto, que no tomas en cuenta que yo he recorrido este camino tantas veces que hasta con los ojos cerrados lo puedo hacer sin tropezar, porque sé dónde está cada piedra, cada matorral... Pero tú tenías que abrir tu hocico para insultarme como toda la gente de la aldea; como si tus ojos, sólo porque son azules, fueran tan chulos... O qué: ¿te imaginas que se te quedan mirando porque estás muy bonito? Pues no: Tus ojos también son horribles, y sin embargo yo me callo la boca antes de ofenderte —asustada por tal exabrupto, y como la virulencia de sus propias palabras recayó en su propio corazón, reprimiendo un sollozo agregó- ¡Perdóname Thomas!... No quise decir eso... Tus ojos no son horribles; son raros... Pero no porque no me guste su color azul descolorido tú me pareces feo.

Hacía rato que Thomas buscaba las palabras adecuadas para interrumpirla. Tenía la impresión de hallarse atascado en un lodazal, pues no acudía la frase salvadora de su vergüenza, la frase capaz de contrarrestar el efecto desquiciante de la que había emitido con supina torpeza.

Ambos habían interrumpido la marcha y se hallaban frente a frente, envueltos por el fragmento de noche que había quedado atrapado bajo el follaje.

Aunque aún no salía de su aturdimiento, Thomas se percató de que sus manos permanecían unidas; sin duda porque el disgusto de Otilia era un tanto simulado –pensó- o bien un recurso, muy femenino, para llamar su atención. En ese preciso momento Otilia retiró la suya, delicada pero firmemente.

- Llegué a ilusionarme... llegué a pensar que tú me mirabas de manera diferente a los demás... Cuando me pediste que fuera tu amiga sentí un calorcito aquí, en el estómago, como nunca lo había sentido y hasta creí que yo valía algo para ti... Pero ahora, por lo que me das a entender, te causo horror nada más porque mis ojos no son como los de otras personas... y tal vez vuelvas a decirme que me los operen. ¿Por qué me los he de cambiar si yo así me siento bien? –Había profunda desesperanza en sus reproches, ahora expresados entrecortadamente por la congoja. Luego de un suspiro muy breve pero intenso agregó dulcemente, casi suplicante –Yo veo que el gorrión y el colibrí vuelan igual de contentos aunque sus piquitos sean diferentes...

Thomas se dejó arrastrar por la pasión que le despertaron las quejas de Otilia y, al tender sus brazos en la oscuridad buscando su cuerpo, le dijo:

- ¡Perdóname Otilia! No me había dado cuenta de mi estupidez –Otilia se dejó atrapar dócilmente por los brazos que a tientas la buscaban- Tienes razón, niña mía –agregó, mientras sus manos apretaban delicadamente contra su cuerpo el de ella-: nadie tiene derecho a imponerle a otra persona que se someta a cambios sólo porque le desagrada tal como es. Sí, mi pequeña reina... ¿Quién podrá presumir que es perfecto, que carece de defectos?... ¡Todos los tenemos!... Los míos son muchos, lo reconozco; pero estoy seguro de no haber cometido el error de insultarte intencionalmente... Te juro que nada me disgusta de tu persona y por lo tanto, jamás podría criticar algo de ti, de tu boca, tu naricilla, tus ojos... ni de cualquier otra parte de tu lindo cuerpo.

   - Entonces, ¿por qué propusiste los lentes? – preguntó Otilia cuando Thomas terminó de besar las partes que iba enumerando.

   - ¡Perdóname! Ahora que lo mencionas, me doy cuenta que te ofendí, aunque no fue mi intención. Por el contrario, lo ofrecí de buena fe. Recuerda que estaban comentando que los muchachos se mofaban de ti –la voz de Thomas, grave y cálida, era algo que Otilia deseaba escuchar sin interrupción, siempre, así como se encontraba, sometida al calor de sus brazos, sintiendo su aliento- Sólo imaginar que fueras víctima del desprecio de esas personas me indignó, y entonces pensé en el modo de lograr que nadie te rechazara. ¿Comprendes?... Reconozco que fui muy imprudente al hacerles esa sugerencia, pues primero debí conocerte... -Sintiendo que el temblor de Otilia continuaba, comenzó a frotarla- Ya cálmate... Confía en mí. Yo haré que nunca más te sientas sola, porque te protegeré de la gente envidiosa y cruel que no es capaz de reconocer tu belleza, tu dulzura...

   Las palabras de Thomas fueron apagándose hasta llegar a ser un ronroneo en el cual se diluyeron los sollozos de Otilia. Para ella dejó de existir el hecho de que cielo se volviera cada vez más ligero y azul, que el bosque recobrara los colores que le hurtara la noche, que un suave vientecillo barriera con negligencia el residuo neblinoso de las sombras nocturnas. Lo único real era el calor de Thomas, la parsimonia de sus manos inquietas y el regodearse con un placer en acecho. No podía imaginar la posibilidad de otro placer, más intenso, más embriagante, que en breve compartiría con ese hombre.

   El bosque ya se había desperezado cuando reanudaron la caminata, tomados de la mano, tropezando a cada momento por efecto del vértigo residual que los obligaba a salirse con frecuencia del camino, aunque el sendero ya se distinguía sin dificultad.

- Aquí es –anunció Otilia deteniéndose. Soltó la mano de Thomas y mirándolo al rostro le ordenó con fingido autoritarismo– Tú esperas en este lugar. Desde aquí podrás verlo todo. No es bueno que te acerques más.

Thomas la contempló mientras se alejaba, ágil y graciosa, caminando sobre el crepitante tapete que los oyameles habían confeccionado sobre el suelo; su mirada, ignorante del vestido que cubría su cuerpo, se hallaba inoculada de su desnudez y sufría voluntariamente el éxtasis del cual nada podría distraerlo. No obstante, algo en el follaje de un oyamel atrajo su atención.

- ¿Será posible?... ¡No!..., ¡No puedo creerlo! –Exclamó, eufórico, restregándose los ojos con sus puños.

Avanzó resueltamente para cerciorarse de que no era algo imaginario, que no era una alucinación; pero al recordar la prohibición de Otilia retrocedió después de los primeros pasos. Era tal su temor por el desengaño, que jamás le había parecido tan mezquina la luz de la aurora y, en consecuencia, sus ojos desorbitados desesperaban en su afán persecutorio de una certidumbre esquiva.

Incapaz de dominar la progresiva efervescencia, lo mismo que un caldero sujeto a repentina y violenta presión, no pudo contener su júbilo, y a voz en cuello gritó:

- ¡Las encontré!... ¡Son ellas!... Sí... ¡Las he encontrado!

Otilia respingó, asustada, y aparentando enojo por lo que, según supuso, había sido una broma, hizo una ademán de silencio y después siguió avanzando hacia donde Thomas había desistido de ir.

Repuesto del exultante entusiasmo, Thomas reanudó su escrutinio, árbol por árbol, con ojos anhelantes y respiración suspensa. Millares de mariposas Monarca se encontraban posadas en los oyameles, inmóviles, confundiéndose con el follaje. En éste, en el de más allá, en aquél semioculto por los de enfrente... en todos distinguía la maravillosa aglomeración de alas. Imposible abarcar de un vistazo a cuantos se encontraban cubiertos con tan regio manto y pensó que solamente con el lenguaje de los poetas sería posible describir la emoción que despertaba ese espectáculo que lo tenía hipnotizado. Por lo demás, el solo intento de formarse una idea del número total de tan asombrosos lepidópteros lo sumergió en la perplejidad.

Se había olvidado por completo de Otilia, absorto en su empeño de describir para sí mismo el indescriptible espectáculo; pero un ruido ultrajó sus oídos reclamando inapelablemente su atención: Otilia sacudía uno de los oyameles más esbeltos asiéndolo con ambas manos. Entumecidas por la prolongada inactividad nocturna así como por la hipotermia que sufrían, las mariposas se desprendían de las hojas precipitándose sobre Otilia, como si fueran piezas de un vitral roto descendiendo ebrias de sismo. Sin embargo, no se notaba mengua alguna en el migratorio follaje.

Thomas magnificaba esa lluvia a extremos de tempestad, casi tan descomunal como su desesperación y su indignación; indignación que había logrado reprimir a duras penas. ¿Cómo censurarle lo que con seguridad era una travesura inocente, cuya única intención había sido la de agradarle?... No, no cometería por segunda vez la torpeza de herir sus sentimientos. Después de todo, el daño ya se había consumado. De ese derrumbe, ninguna de las mariposas sobreviviría a los ataques de hormigas y escarabajos. Al imaginar el descuartizamiento que de sus miembros harían los insectos y el ulterior arrastre de sus despojos, le asaltó una duda aterradora: ¿Repetiría la travesura? ¿Sacudiría otro árbol, o acaso el mismo?

- ¡Otilia: No hagas eso! —En seguida, dulcificando su aspereza, agregó- Mejor apresúrate a recoger los chepiritos para que regreses a mi lado... ¡Te estoy esperando!

"¿No me escuchó?", pensó cuando, inesperadamente, Otilia se sentó en el suelo, se acomodó la falda sobre sus piernas y, a continuación, procedió a recoger las mariposas yertas. A cada una le fue desprendiendo con magistral destreza las alas, para dejarlas caer con cierto descuido en su regazo, mientras que al cuerpecillo lo manipulaba con extremo cuidado hasta colocarlo en el canasto.

Los ojos de Thomas seguían con terquedad los complejos movimientos de las manos de Otilia, pues parecía que dibujaban en el aire signos cabalísticos repetidos una y otra vez, obsesivamente precisos, como de pesadilla. Todas las mariposas, una tras otra, iban sucumbiendo, mutiladas. Por su parte Thomas deseaba, una y otra vez, que la mariposa que tenía en ese momento en sus manos fuera la última. Al fin concluyó su angustia: Otilia se levantó lentamente, con sumo cuidado. Sujetaba el borde inferior delantero de la falda, manteniéndola de esa manera hasta que estuvo de pie. Repentinamente elevó sus brazos con tal ímpetu, que las alas salieron disparadas por encima de ella, formando una nube de indecisa gravidez que, al descender, la fue envolviendo con sus iridiscencias. Fascinado, bajo el hechizo de lo que parecía una danza mágica, Thomas no perdía detalle de las evoluciones que Otilia realizaba siguiendo una melodía entonada por ella misma, con una voz de mezzosoprano tan tersa y seductora que tuvo la ilusión de encontrarse ante la presencia anacrónica de una dríade. Un hormigueo concupiscente corrió veloz por su piel, transformándolo en un fauno al acecho de la ninfa y su corazón se alebrestó.

Otilia ignoró lo resbaladizo de la hojarasca acicular sobre la cual confiadamente saltaba y giraba. Sus brazos ondulaban con cadencias de remoto vuelo y con una íntima convicción de ser muy alas. De pronto, como alfileres atraídos bruscamente por potente imán, se incrustaron las alas mutiladas de las mariposas en los brazos de Otilia, pero ella continuó bailando imperturbable, indiferente al dolor, aún después de que todas las alas se hallaban adheridas a su piel.

De pronto, una avanzada de luz se derramó sobre los follajes y millones de pequeños abanicos removieron el aire estancado: primero como madejas de seda y después huracanadas turbulencias se desataron hacia donde Otilia bailaba; el torbellino la envolvió convirtiéndola en crisálida y luego la elevó vertiginosamente para impelerla, junto con otras mariposas, hasta la elevada copa de un oyamel. El súbito fulgor del sol se eclipsó, también de repente. Un peine frío desenredó el viento y sus guedejas deambularon perversamente entre los árboles paralizando mariposas.

Allá, en una de las ramas cimeras del oyamel se encontraba Otilia sometida al poder soporífero del frío. Sumisa, quiso cerrar los ojos para beber con avidez el sueño, pero no pudo: sus párpados habían desaparecido. Esta eventualidad no constituía ningún obstáculo y se dispuso a dormir con los ojos abiertos. El letargo puso grilletes a todas sus funciones, excepto a la visión, que, por el contrario, parecía una lezna.

Y vio que sus hermanos se acercaban. Los veía claramente: se aproximaban... Ya se encontraban bajo el oyamel, su oyamel. Con un terror sin límites miraba la canasta patibularia que uno de sus hermanos dejaba en el suelo... Y crecía la desesperación oprimiendo su cuerpo con la fuerza de un nudo ciego. No quería ver más, pero ¿cómo evitarlo? Intentó volar: Imposible con las alas ateridas... ¿Gritar? ¡Absurdo! ¿Quién ha escuchado la voz de una mariposa?

Sin embargo, esa angustia sin vertientes, ciclópea, se manifestó, no en un gemido, sino en algo como un vahído de ventrílocuo cuando sus hermanos sacudieron enérgicamente el oyamel. De todas las mariposas ella fue la primera en caer. No había escapatoria: le arrancarían las alas y después sería devorada por sus propios hermanos.

Pensó en aletear, y aleteó con la euforia de la agonía; pero su aleteo era ilusorio, pues sus alas ya se encontraban prensadas por dos dedos inclementes. Su cuerpo se retorció en un intento supremo por liberarse y, entonces... Recuperó el conocimiento.

Al notarlo, Thomas dejó de abrazarla con la energía que había empleado para controlar sus convulsiones.

- Como lo temí —dijo Thomas respondiendo a la mirada interrogante de ella- Al resbalar con las hojas secas te golpeaste la frente contra el tronco... ¿Cómo te sientes?

- Un poco atarantada —tocándose la frente en el sitio de la herida, agregó- Me duele aquí... Pero no me voy a morir ¿verdad?

- ¿Puedes pararte?

- ¡Claro! –dijo Otilia, recuperando la alegría con la que había llegado- También puedo caminar, correr, brincar…

- ¡No, no… por favor! Brincar, no.

Otilia rió como si nada, a pesar de las palpitaciones del chipote.

- ¡Bien!… Y qué pasó con los chepiritos ¿Vas a recogerlos, o no?

- Con estos ya tenemos suficientes para hoy – le contestó señalando el interior de la canastita, en cuyo fondo yacían los cuerpos mutilados.

- ¡Cómo!… –exclamó en el lindero entre asombro y la locura. Después no le fue posible articular una palabra más. "Sólo faltaría que ahora sea yo el que se desmaye", pensó.

La verdad era tan desmesurada que no le cabía; esa patética verdad consistía en que los chepiritos eran, ni más ni menos, las mariposas que él había venido pastoreando a lo largo de prolongados kilómetros. Por ellas había sorteado riesgos y obstáculos de toda índole sin escatimar tiempo ni fatigas, y después de extremar su abnegación al límite de arriesgar su propia vida en aras de su preservación, por cruel ironía del destino resultaba que él, el biólogo Thomas Vickers, era su depredador.

Capítulo IX

Ahora Thomas ya sabía qué eran los chepiritos. Sabía asimismo que lo habían alimentado con ellos sin que le produjeran trastorno digestivo alguno a pesar de ser tóxicos a tal punto que ningún animal devoraba a las mariposas monarca; por lo tanto -dedujo-, no los había ingerido en su forma natural sino después de que fueran sometidos a algún proceso que los hiciera no sólo inofensivos sino provechosos al organismo humano. Así pues, el conocimiento de lo que eran los chepiritos resultaba de nula utilidad por insuficiente. Consecuentemente se le presentaba el reto de tener que acercarse a quienes le proporcionaran la información clave, y sólo había tres candidatos, aunque sospechaba que tal vez ninguno de ellos se mostraría accesible. Ellos eran: el Curandero, Rosendo y Oscar. Excluyó a Otilia porque su función se limitaba a capturar las mariposas. Sería insensato recurrir al Curandero por más que invocara la investigación que llevaba a cabo con su autorización. Estaba persuadido de que, por lo pronto, a Oscar no podía sonsacarle nada que se refiriera a su aprendizaje de curandero. En cambio, el rechazo de que había sido objeto Rosendo por parte de su padre lo hacía vulnerable. Pero Rosendo se había ausentado de la aldea para echar a andar su proyecto de conseguir para su gente el pie de cría de ganado bovino. Esta espera obligada, Thomas la juzgó como una provechosa pausa pues le daba tiempo para reflexionar en los argumentos que utilizaría para ganarse su confianza.

Por lo pronto se impuso como tarea prioritaria atender lo antes posible otro asunto que ya había aplazado más de lo deseable: El informe. Hizo un paréntesis en la investigación que había emprendido hacía poco y se encerró en su cuarto con el propósito de redactarlo; pero después de mucho meditar tratando de ordenar sus ideas no lograba trazar la primera letra, pues cada vez que tomaba la pluma una molesta inquietud de naturaleza desconocida por él hasta entonces lo obligaba a soltarla: los escrúpulos. Pensó que con ese informe posiblemente estaría poniendo en grave riesgo una forma de vivir que se remontaba a siglos, pues lo que siempre había estado al alcance de la mano de estas personas –las mariposas Monarca- les sería arrebatado mediante restricciones, o prohibiciones, todas ellas abanderadas por consignas ajenas a sus intereses e incompatibles con su muy peculiar forma de identificarse con la naturaleza, de la que sin cuestionamientos dependían de ella, reconociéndolo con mansedumbre, pero sin subordinación, y sirviéndose de sus recursos a la vez que colaboraban con ella; no como sus deudores sino como elementos de la misma. De entre todas esas personas descollaba una, cuya evocación lo perturbaba más que todas ellas juntas: Otilia. Thomas sentía que su corazón perdía el paso, que titubeaba, al reconocer que lo que sentía por ella era lo más parecido al amor. Nunca antes había experimentado una entrega tan confiada, sin sobresaltos, que se repetía noche tras noche. Confiada porque la sentía sólo suya a la vez que también él se entregaba a ella del mismo modo, sin proponérselo, al natural, sin sentirse deudor ni comprometido.

Transcurrida una semana de indecisiones y tras haber colocado en la balanza, de un lado sus anteriores reflexiones y del otro los intereses de la institución para la cual trabajaba así como los suyos, personales, se enfrascó en la redacción del informe que enviaría al director del programa. Una vez concluido lo leyó con ánimo tranquilo, dispuesto a corregir cualquier detalle que se saliera de los cauces del deber

"Después de innumerables peripecias, de cuyos detalles se encuentra usted al corriente por informes precedentes, mi búsqueda alcanzó el éxito: He encontrado el lugar en el que, sin la menor duda, las mariposas terminan su migración. Me aventuro a asegurarlo porque es aquí donde he podido observar el espectacular vuelo nupcial, previo al apareamiento,

"Continúo explorando el área de asentamiento y, tan pronto determine los límites, emprenderé la ubicación precisa apoyándome en materiales cartográficos.

"Los pormenores de este asombroso fenómeno no cabrían en este breve espacio, pero en cuanto concluya el análisis y la organización del material recabado los conocerá usted en la Memoria correspondiente.

"No obstante, considero inaplazable referirme sucintamente a un hecho sorprendente.

"Como consecuencia de mis observaciones a lo largo de la ruta de migración concluí que este lepidóptero carecía de depredadores. Pues bien, esto es inexacto, ya que no es propiamente depredación, sino DESTRUCCIÓN (lo escribo con mayúsculas para enfatizar la magnitud del exterminio llevado a cabo bárbaramente por las personas que viven en los alrededores). ¿Por qué las matan? No me ha sido posible dedicarle tiempo al esclarecimiento de este asunto.

"Me atrevo a sugerirle que, mientras continúo investigando, se inicien las gestiones preliminares ante los organismos internacionales correspondientes, para que soliciten al gobierno de este país la emisión urgente de un decreto en el que se declare PARQUE NACIONAL este santuario de la vida animal. De no hacerlo con el apremio que el caso amerita seremos culpables ante la humanidad de que este maravilloso insecto se extinga."

Thomas metió el informe en un sobre y se lo entregó a Aurelio.

- Pierde cuidado –le dijo al recibirlo-, mañana temprano se la daré a quien vaya al pueblo.

- Muchas gracias Aurelio –tras breve titubeo agregó- Ahora sí, es muy urgente.

- ¡Claro!, como que ya te estabas tardando.

- Tienes razón. Pero no me remuerde la conciencia, pues me siento tan feliz aquí en este ambiente que ustedes hacen acogedor y tan placentero que frecuentemente hasta olvido de dónde he venido –echándole el brazo familiarmente, añadió– Hasta estoy considerando la posibilidad de quedarme a vivir en este país, cerca de ustedes.

Aurelio no hubiera podido explicarse la desazón que le produjeron estas palabras. Para salir del atolladero y entrar en el terreno de las cortesías se ofreció a acompañarlo al pueblo para poner la carta en el buzón.

- ¡Oh no! –Contestó Thomas–; si me haces favor, preferiría no ir. Quiero dedicarle todo mi tiempo a explorar el bosque que ocupan las mariposas en compañía de Otilia.

Con esta contestación se restañó un poco la confianza agrietada de Aurelio, esa confianza que había retrocedido a un nivel embrionario debido al inesperado desenlace profético de un deseo que su mujer ya consideraba frustrado. Pese a todo, su cordialidad no sufrió mengua; así, dándole una palmada se despidió para irse a dormir.

- ¡Aurelio! –Exclamó a media voz Thomas, cuando aquél se disponía a abrir la puerta de su cuarto– Te quiero pedir que conversemos… ahora… Prometo no abusar.

- Conversemos cuanto quieras, ¡no faltaba más! –Lo tomó del brazo y agregó– Ven, sentémonos acá, afuera, en la banca del portalito para que nuestras voces las escuche sólo el bosque.

La noche se encontraba en el primer acto. Imposible para un oído profano diferenciar cada uno de sus sonidos, menos aún descifrar su significado; no así para estos hombres. Este conocimiento era un lazo invisible entre ellos, quizá para unirlos. Uno lo había adquirido en varias décadas de comunión estrecha y cotidiana con la naturaleza, siempre avara o celosa de sus secretos; el otro se lo apropió en escasos lustros de aprendizaje sistemático y ordenado, escuchando, leyendo, investigando y analizando. Pero lo que uno sabía y el otro no, es que no siempre las personas que tienen cosas en común son las más unidas.

- Como ya soy uno de ustedes –comenzó diciendo Thomas–, me propongo no ser el último; porque ser el último equivale a ser casi un extraño. Sólo conociendo a fondo las tradiciones de la comunidad me sentiré integrado a ella.

- No, Thomas, aunque formas parte de mi familia aún no eres uno de nosotros –replicó melancólico Aurelio con el aplomo habitual para contestar que en esta ocasión hizo palidecer a Thomas. Pero Aurelio acotó– Por lo menos, no del todo. Lo serás cuando no sientas la necesidad de justificar tu conducta. Así que, sin más recovecos, pregúntame lo que quieras.

De dos asuntos muy diferentes tenía el propósito de hablarle. A su juicio, Oscar poseía una inteligencia tan brillante, que lo hacía apto para emprender y culminar con éxito cualquier carrera universitaria, particularmente la de Medicina y deseaba ofrecerle a Aurelio su apoyo para que, en su momento, Oscar ingresara a una universidad, ya fuera en Canadá o en México. El otro asunto se relacionaba con los chepiritos, ya que intencionalmente había omitido en su informe el hecho de que localmente les habían encontrado aplicaciones para beneficio humano. Apegándose a la recomendación de Aurelio, sin ningún circunloquio abordó el tema que más le interesaba.

- ¿Desde cuándo consumen los chepiritos?

La contestación de Aurelio fue vaga. Lo venían haciendo de generación en generación desde los tiempos más remotos. Sin embargo, había sido muy satisfactorio para Thomas constatar su hipótesis de que habían estado aprovechando racionalmente el recurso de las mariposas y por lo tanto no constituía una amenaza para ellas. Esta conclusión, respaldada por el hecho de haberla constatado con sus propios ojos le había devuelto la tranquilidad.

Siendo explícito por hábito, Aurelio vertió sin reticencias la información que poseía al contestar las preguntas subsiguientes, y cuando ignoraba alguna respuesta lo orientaba hacia la persona idónea.

De esta manera Thomas diversificó sus tareas en la aldea. La prioritaria siempre fue su investigación, pero también participaba en labores comunales, a pesar de insistírsele en lo innecesario de distraer su tiempo de la investigación. Lo cierto era que durante las labores comunales Thomas llevaba a cabo lo sustancial de sus pesquisas. Había aplicado al pie de la letra la ruda enseñanza de Aurelio: al preguntar, siempre suprimió las justificaciones y circunloquios y así obtuvo respuestas del mismo calibre.

Pasaron los días, y de la extensa encuesta que había diseñado, con la colaboración de Oscar, había muchos resultados confusos. Dudas había aún sin indagar. Aunque en la clasificación de este material el apoyo de Oscar era también muy eficaz, su aportación más valiosa derivó de las numerosas entrevistas que sostuvo con el Curandero. Sagazmente, Thomas le había endosado ese interrogatorio, creyendo que la comunicación sería más expedita si se soslayaban posibles suspicacias.

Ignorando hasta qué punto, también Otilia contribuía a complementar su información, pues en las esporádicas ocasiones que la acompañó a recoger chepiritos, le señalaba tres o cuatro detalles de interés en los cuales ella debía poner especial atención. Como retribución, Thomas mostraba su destreza participando en la delicada cirugía de las mariposas. Paciente y amorosamente Otilia le enseñó la técnica, y mucho se burló de sus escrúpulos y melindres de neófito.

Por esta continua y estimulante colaboración, a Otilia le despertó el interés de retomar su instrucción escolar que había estado dormido por años, mientras que a Oscar se le iba desarrollando su capacidad de análisis y adquiría un criterio discriminatorio en un grado sólo equiparable con el del cálido afecto que por Thomas le había nacido hacía poco en su corazón. Siempre se les veía uno al lado del otro. Cuando uno terminaba la jornada de instrucción y el otro las faenas apícolas o ganaderas se encontraban en un lugar preestablecido de la aldea.

Fue en una de esas ocasiones cuando Thomas le dijo:

- Acompáñame. Quiero avisarle al Curandero que deseo ir mañana a Yoricostio a depositar esta carta.

- ¿Por qué no mejor la envías?

- No conozco ese pueblo... -dijo con una sonrisa intencionada- ¿Tú sí?

- Sí; he ido muchas veces. No es raro que alguno de los maestros de la Secundaria de Tizatal nos mande a la biblioteca de Yorikostio.

- Entonces, podrías acompañarme. ¿Quieres?

Oscar accedió sin ocultar el placer que le causaba la idea de estar en el pueblo, solo con Thomas. Representaba la expectativa de una experiencia completamente diferente y, por consiguiente, excitó sobremanera su fantasía.

El Curandero, lejos de poner reparos, manifestó su complacencia; pero sus ojos escrutadores se clavaron en la azul palidez de los de Thomas y un gesto de severidad apareció en su boca cuando éste le mostró el sobre, como para enfatizar el motivo de la visita a Yorikostio.

El siguiente día Otilia despertó de madrugada, como de costumbre, pero sin la ligereza, también habitual, para pararse de la cama; le pesaba en el alma desprenderse de los brazos de Thomas. Una premonición opresiva merodeaba su ánimo escarbando en los cimientos de su tranquilidad. Bostezó a todo su sabor y luego se deslizó de la cama pensando: "¡Qué tonta soy! si nada más va al pueblo".

Cuando se estaba vistiendo, la manga de su blusa arrastró accidentalmente la carta de Thomas, la cual cayó de la mesa. La colocó en el mismo lugar y continuó preparándose para ir a recolectar chepiritos, quizá por última vez en esta temporada, pues habían comenzado a emigrar.

Indecisa, se quedó un momento contemplando con amor al durmiente, al cabo del cual le dijo en un susurro:

- ¡Despierta… despierta! ya es hora.

- Mmmm… sí —murmuró amodorrado- Gracias por despertarme. ¿Segura que no quieres algo del pueblo?

- Lo único que quiero es que te vaya bien —respondió y ya en la puerta añadió- Bueno, me voy… ¡Adiós!

Otilia regresó anticipadamente. La angustia la había espoleado y la obligó a tomar atajos peligrosos a toda prisa, infundiéndole la esperanza de que llegaría antes de que él hubiera partido. Al llegar a la cabaña, la falacia de su consejera se puso de manifiesto. Sin embargo, de manera inesperada ella recuperó de golpe la tranquilidad y por enésima vez mentalmente repitió "¡Qué tonta soy!".

Después del desayuno, cuando todos, excepto Elodia y ella, se habían marchado a la aldea, fue a arreglar su cuarto y, a poco de estar allí, vio que encima de la mesa se hallaba la carta de

Thomas. Maquinalmente la tomó y al percatarse de que el sobre se encontraba sin sellar, extrajo la hoja. El corazón le dio un vuelco fulminante que la obligó a apoyarse en la mesa para no caer. La carta estaba en blanco. Desde el umbral de la demencia corrió con la carta en la mano en busca de Elodia. Al verla titubeó, pero luego se arrojó en sus brazos mientras repetía con voz apagada:

- Mamá... mamá...

Elodia se alarmó; pero al recordar lo hipersensible que había estado Otilia en los últimos días, le habló sosegadamente.

- Otilia... Otilia... Tranquilízate. Haz un esfuerzo, ¿eh? Vamos a ver: explícame qué te pasa.

- ¡Mira! Hallé esto sobre la mesa de mi cuarto —consiguió articular haciendo un esfuerzo para reprimir los sollozos, a la vez que le mostraba el sobre.

- Ya veo, pero no comprendo.

Como para dar por concluida su congoja, Otilia se enjugó los ojos y al término de prolongado suspiro intentó ser más explícita.

- Thomas olvidó la carta... Acabo de encontrarla sobre la mesa... Primero me afligí al imaginar su disgusto cuando se diera cuenta de su olvido, pero después...

- ¡Ay, hija! — la interrumpió Elodia- ¿Y por eso estás tan afligida?

- Espera, mamá, déjame terminar —repuso Otilia, sintiendo una mezcla de angustia y furia por la incomprensión de Elodia- Como el sobre no estaba pegado, no resistí la curiosidad y saqué la carta... ¡Mira qué carta, mamá!

Y al mostrarle el papel con sólo las marcas de los dobleces, en su pecho fue medrando la furia y las lágrimas dejaron de fluir para que su desesperación avanzara sobre camino enjuto.

La chispa de su polvorín fue la tranquilidad con la que su madre observaba el papel y la displicencia de su comentario:

- Sigo pensando que no hay motivo para tu preocupación. Para mí está claro que esa no es la carta y por eso la dejó; en cambio, se llevó la que debía depositar en el correo.

- ¡No, mamá, te equivocas! —Replicó airada- Yo misma lo vi cuando la sacó de su bolsillo para colocarla sobre la mesa.

Más tarde, cuando nos acostamos, me pidió que lo despertara temprano y, sin que yo se lo pidiera, prometió llevarme al pueblo en la siguiente ocasión, sin prisas; porque, según dijo, ahora iba nada más a depositar la carta que estaba en la mesa. Por último, volví a verla hoy, antes de ir por los chepiritos.

Al cabo de breve reflexión, que a Otilia le pareció interminable, Elodia tomó las manos de su hija y palmeándoselas, como era su costumbre en situaciones confidenciales, le dijo:

- Sé razonable... Recuerda que tienes más de quince años, además de que ya eres una mujer hecha y derecha. Debes ir aprendiendo a mantener a raya tu alocada fantasía infantil y a conducirte como lo que eres ahora. A ver, dime: ¿qué ganas al atormentarte con la primera ocurrencia que llega a tu cabeza? ¿Por qué no piensas que cuando Thomas se fue, tomó la carta que tú viste tantas veces y en su lugar dejó ésta por no haber tenido tiempo de escribirla?

- Perdóname mamá, pero eso es un redomado embuste – replicó Otilia, y luego se abismó en tristes presentimientos que la mantuvo unos minutos callada- Tengo miedo de que Thomas sea como una de las mariposas: llegó un día, el más hermoso de los días... y no podré hacer nada para impedir que llegue el temido día en que me abandonará... ¡Tengo tanto, tanto miedo, mamá!

- ¡Hijita! –dijo Elodia con una ternura poco habitual con sus hijos. Acarició la cabeza de Otilia en tanto le decía- Es bueno que sientas miedo, esta clase de miedo que comenzamos a sentir desde que dejamos de ser niñas para incorporarnos a las filas de mujeres guardianas de la vida. Un miedo por el estilo del tuyo también lo tuve yo, y como se ha repetido una y otra vez, con el tiempo ha llegado a formar parte de mí. A cambio de ese miedo disfrutamos de otras cosas que, aunque también se repitan, no desmerecen la satisfacción que nos proporcionan; como es el caso de un beso, del acto sexual, de tener un hijo... Por lo tanto, hija, no te acobardes; aprende a vivir con tus temores, sabiendo que así como todo lo que te causa placer puede terminar, también lo que te procura sufrimiento.

Pero en el corazón de Otilia no existía aún el rinconcito para la resignación. Las reflexiones de Elodia rompieron la tregua endeble y breve pactada entre sus sentimientos antagónicos, exacerbando su beligerancia con un brote de iracunda rebeldía.

- ¡No me vengas con esos embelecos, que no está la masa para tamales! –arremetió con insolencia, apartándose de su madre como de un comal caliente- Yo esperaba que me aconsejaras la manera de conservarlo a mi lado, y me vienes con la zarandaja de que "así es la vida"... ¡Lucida estaría si me cruzara de brazos! Ni remotamente hubiera imaginado que tú, mi propia madre, mostraras que te importa un rábano lo que a mí me suceda – Otilia, mirando ceñudamente a Elodia, hizo una pausa y luego agregó con un dejo de dolorosa malicia- ¿No será que a mis espaldas lo obligaron a que me abandonara?... ¡Sí, así ha de ser! Por eso has estado tratando de embaucarme con palabras bonitas... Pero –y Otilia, derrumbándose suplicó- por favor, mamá, dime toda la verdad.

Retornando a los brazos de su madre, Otilia no lloraba, sino que temblaba convulsivamente, en tanto Elodia, en obstinado silencio, se esforzaba en poner orden en sus pensamientos. Cuando hubo vencido a su indecisión, habló, como siempre, con cariñosa mesura.

- Lo que voy a decirte prometí guardarlo en secreto. Thomas decidió llevar a Oscar y no a ti porque deseaba darte una sorpresa, pues el propósito principal de este viaje fue el de comprar algo para ti. A él le gusta festejar el aniversario de las personas que ama, y como apenas ayer se enteró de que habías cumplido quince años el mes pasado, quería celebrarte de esa manera –hizo una pausa y continuó - ¡Bien! ahora ya lo sabes, aunque esa extraña costumbre te asombre... Confío en que esto te tranquilice.

- ¿Y lo de la carta en blanco? –insistió tímidamente Otilia.

- Mi hijita, ya escuchaste mi opinión.

- ¡Dispénsame mamá! –Dijo dulcemente, y enseguida, tomando la iniciativa colocó sus manos entre las de Elodia- Aunque puede ser como tú piensas, no logro aplacar a mi corazón.

- Entonces, no hay otro remedio que esperar su regreso.

Transcurrió el día; transcurrieron otros y otros más, y para Otilia todos fueron fracciones interminables del aciago día en el que comenzó la espera, del día en que había comenzado a dejar de vivir.

Capítulo X

Quien acudió a abrirle la puerta fue Nata, la esposa del Curandero. Este hecho, que de por sí no tenía nada de sorprendente para Elodia, le produjo una breve desilusión. Esperaba ver en la puerta a Rosendo; pero este deseo no era novedad porque solía desear eso mismo en cualquier otro lugar, con tal de que fuera propicio para hablarle sin temores. Ciertamente se le habían presentado oportunidades de hacerlo y aunque se dieron en circunstancias diferentes, las palabras que bullían en su mente nunca lograron salir, permaneciendo ahí, sin variar; de manera que ya se le estaban haciendo viejas de tanto guardárselas. Ahora, aunque no iba en su busca sino a petición del Curandero, en todo el camino no había pensado más que en Rosendo y al pensar en él creía tener las riendas del tiempo y que por lo tanto estaba en su mano dar vuelta atrás para corregir el error de haber vivido con alguien que no fuera él. No obstante se daba cuenta que soñaba despierta y que si deseaba hacer realidad sus deseos, debía sincerarse con él, transformar las palabras en hechos para dejar de seguir viviendo a medias.

- En seguida les aviso –le dijo Nata después de los saludos- Espérame aquí.

Ni el intenso rumor de los pinos, ni la algarabía de los pájaros distraían a Elodia de sus pensamientos. El hecho de que Thomas se hubiera ido le había causado un gran disgusto, sin que llegara a atormentarla; pero sí el que Oscar lo hubiera seguido porque lo encontraba incomprensible. Sin embargo, se opuso a que Aurelio fuera en su busca. Primero, porque ignoraban qué rumbo habían tomado y, lo más importante, ella siempre había pensado que llegado el momento no se opondría a que sus hijos tomaran el camino que decidieran. Mordiendo el bocado, trataba de aferrarse a la esperanza de que Thomas lo impulsara a salir adelante, esperanza dudosa emanada de un recuerdo que contenía la opinión muchas veces expresada por Thomas acerca de que "Oscar es un muchacho que tiene mucho porvenir" y estas palabras martilleaban en su mente proporcionándole un consuelo ilusorio. Así, de Oscar le quedaría por siempre un dolor oculto, el dolor de la ausencia, hermano gemelo de la nostalgia; mientras que su dolor por el sufrimiento de Otilia carecía de referencia, era incomparable. Diariamente había tenido que armarse de paciencia para sobrellevar sus crisis, sin considerarlas jamás como una carga pesada sino como un deber ineludible, pues se sentía responsable en buena medida de que su hija padeciera ese abandono tan prematuro como inmerecido, porque ella, y solamente ella, había deseado y promovido que sucediera todo lo que le sucedió, condenándola a una vida semejante a la suya. Pero ¿de dónde había obtenido Otilia esa fe tan desmesurada como insensata en que Thomas retornaría? Todas las noches iba hacerle compañía a su cuarto hasta que conciliaba el sueño y siempre, antes de dormir, sus últimas palabras eran: "mañana regresará... ¿Verdad mamá?"; y cada noche Elodia sentía flaquear su fortaleza.

Al advertir la inminencia del llanto, Elodia atajó la primera lágrima con el recurso de darle vuelta a la página de sus reflexiones y se preguntó por el motivo de la invitación del Curandero para que fuera a su casa. "Probablemente quiera que Hugo tome ahora el lugar de Oscar..."

Poco después escucho ruido a sus espaldas y vio que se acercaban el Curandero y Rosendo.

- Te doy las gracias porque viniste, Elodia –dijo el Curandero después de que ambos le estrecharon la mano- Pasemos al cuarto de las curaciones para que no nos interrumpan, pues lo que vamos a platicar es muy importante para todos.

Ya habían transcurrido cinco meses desde que Thomas y Oscar se habían ido y no se había tenido, como esperaban, ninguna noticia, al menos de Oscar. Aunque el Curandero no disponía de indicio alguno que le permitiera argumentar con certidumbre, se inclinaba a suponer que no regresarían, al menos en poco tiempo. Consecuentemente, debía tomar una decisión con respecto a quién sería su sucesor.

-Uno de los candidatos es Rosendo –dijo el Curandero dirigiéndose a su hijo y, luego, dirigiéndose a Elodia agregó-, pero dependerá de lo que tú me contestes a lo que voy a preguntar para que él tenga la posibilidad de ser el elegido. Antes, quiero que me digas si te sientes capaz de decir la pura verdad, o si prefieres tomarte una tizana que te ayude. Te advierto que serán preguntas muy personales, íntimas, que sólo tú podrías saber su respuesta y que repercuten en Rosendo. Además –y esto se los digo a los dos- todo lo que hablemos aquí no saldrá de este cuarto.

Para Elodia no fue difícil adivinar que el asunto a ventilarse se refería a la paternidad de Otilia y de las circunstancias en que ésta fue concebida; de ahí que prefiriera aceptar la ayuda del brebaje.

Poco después llegó Nata con dos jarros que contenían la sustancia "desbloqueadora". De uno de los jarros bebió Elodia y del otro Rosendo

- La razón por la que estamos aquí los tres es porque Rosendo quiere completar su entrenamiento para ser mi sucesor, en vista de que Oscar se ausentó sin que sepamos si regresará algún día. Pero necesito que desaparezca una duda por culpa de la cual desconfío de que Rosendo pueda ser un Curandero digno de la confianza de todos.

Les mencionó las cualidades más importantes que un Curandero debía poseer, haciendo hincapié en el respeto absoluto hacia los pacientes y una discreción a toda prueba. Y mientras escuchaban estas advertencias, el brebaje hacía efecto en el cerebro de los dos, a la vez que esas palabras sensibilizaban su ánimo, ubicándolos en la temática en que encajarían las preguntas. Así, sin tener que invocar recuerdos que seguramente se hallaban en la mente de ambos, interrogó a Rosendo:

- Tú sabías que Elodia era novia de Aurelio y aun así la sedujiste... ¿Por qué lo hiciste?

- Aquí, delante de ella te digo que yo no la seduje, sino que fue al revés. Supuse que a lo mejor había roto con Aurelio, porque no una sino varias veces se me hizo la aparecida y... ¡tanto va el cántaro al agua!

- Le hubieras preguntado a Aurelio —Argumentó el Curandero.

- Acuérdate que por entonces Aurelio y yo ni nos hablábamos. Ahora no es el caso, pero en aquel tiempo, si a ella no le importaba que fueran novios a mí menos.

- ¿Tuviste que hacer uso de la violencia para poseerla?... Quiero decir: si ella no quería hacerlo pero tú la forzaste al grado de golpearla.

- No... ¡Nunca lo hubiera hecho! —Contestó Rosendo y mirando con ternura a Elodia agregó- A dondequiera que anduve, siempre recordé esos momentos, su rostro enrojecido... sus ojos cerrados.

- Qué respondes a eso, Elodia... ¿Es cierto lo que dice Rosendo? —El Curandero observaba a una Elodia diferente, inquieta a pesar de haber bebido la tizana, como si estuviera a punto de salir huyendo- Si es cierto, entonces cómo es que yo te encontré toda revolcada, con golpes en todo el cuerpo, hasta en la cabeza, y arañazos que indicaban que habían luchado, que te habías defendido. Si los moretones no te los hizo él, entonces ¿Quién?

La mirada de Elodia se desplazaba de uno al otro de los rostros que tenía frente a ella. Sus labios, siguiendo el ejemplo de los ojos titubeaban también hasta que finalmente un trago de la tizana le sirvió de lubricante a sus palabras.

- Hasta donde recuerdo —Elodia cerró sus ojos para crear un escenario en la penumbra de su imaginación. A la vez que actora, espectadora de los acontecimientos que estaba a punto de rememorar, lo primero que hizo fue algo que no hubiera hecho jamás en pleno uso de su censura interior: tomó una mano de Rosendo para mitigar el frío que la estremecía-, desde niña me gustaba verte, pues cuando te miraba sentía en mi corazón un repiqueteo como si fuera campana, que se repetía siempre que te volvía a ver. Sí, Rosendo, aunque ya eras un muchacho y yo todavía era una niña, descubrí que te quería y desde entonces deseaba con todas mis fuerzas que te fijaras en mí. Como tú dices, aprovechaba todas las ocasiones para hacerme la encontradiza, sin otro resultado que el de tus saludos o tus simpáticas bromas. De este modo fueron pasando los años hasta que dejamos de ser unos adolescentes. Entonces, ¡Tonta de mí!, acepté a Aurelio como desquite al enterarme que andabas de novio de una muchacha de Yorikostio, a la que habías conocido cuando ibas y venías con encargos del Licenciado aquél. Yo esperaba provocar en ti algo de celos, pero en lugar de eso me pareció que hasta te habías puesto de acuerdo con Aurelio para que se me declarara. No te diste cuenta de que ese lugar de mi corazón al que lo enviabas nadie que no fueras tú lo podía ocupar. Poco después Aurelio me comentó que estabas muy cambiado, que lo ninguneabas y que todos nosotros te parecíamos poca cosa; total, según él, el Licenciado te estaba sonsacando. Yo sentía lástima por Aurelio de ver cómo le dolía tu comportamiento y le dije: Rosendo no quiere a nadie. Pero no se lo dije por él sino por mí... Yo pensaba para mis adentros: si se va ¿yo qué voy a hacer con mi amor? Fue entonces cuando me armé de valor y te busqué. Me sentí muy humillada cuando me dijiste que no tenías tiempo de hablar conmigo y que si yo quería nos viéramos dos días después por el rumbo del arroyo. Así y todo fui a la hora que quedamos y... ¡ahí estabas tú! En fin... Pensé que después de haber hecho lo que hicimos, tú ya no ibas a querer alejarte de mí... ¡Qué loca estaba! Cuando te pusiste de pie y me dijiste que en ese mismo momento te ibas de la aldea para no regresar jamás fue como si me hubieras dado un leñazo en la nuca, de lo atarantada como me sentía. Fue peor que si me hubieras agarrado a golpes. De modo que ni siquiera vi por donde te fuiste. ¿Cuánto tiempo estuve allí, triturando la hojarasca con mis manos? No pensaba en nada y a la vez era tanto lo que pensaba que mi cabeza era un desbarajuste de ideas que hacían un zumbido de los mil demonios. Tal vez por eso ni siquiera lloraba por tu abandono. Tomé ánimos y me incorporé de un brinco, dispuesta a enfrentar yo sola las consecuencias de mis actos porque, al fin y al cabo, no podía recriminarte de nada. De repente perdí el paso por culpa de una piedra suelta en el camino; caí como un costal, sin siquiera meter las manos, me fui rodando hasta la orilla del arroyo y no supe más de mí.

Prudentemente, el Curandero espero en silencio unos minutos para darle oportunidad a Elodia de reanudar su relato aunque pensaba que ya lo había terminado.

- Entonces –quiso concluir a su vez el Curandero- Rosendo es el padre de Otilia.

- Sí, es el padre porque él puso en mí su semilla –Aceptó con aplomo Elodia, pues los efectos de la tizana ya estaban pasando- Pero por todo lo demás, que es lo que más vale, Aurelio es el verdadero padre.

Rosendo notó que el Curandero lo miraba de una manera inusual, pues su mirada le trasmitía serenidad, frescura y un mensaje de bienvenida, infundiéndole una paz que hasta entonces no había experimentado.

Y es que el Curandero había eliminado de su espíritu la inquietud segregada por la sospecha de que su hijo había usado de la violencia en el acto de engendrar a Otilia, lo cual hubiera sido un impedimento insalvable para que completara su instrucción de Curandero. Ahora, con la certeza de tomar la decisión justa, pensó que no había inconveniente para que Rosendo reanudara su capacitación.

Se avecinaban jornadas extenuantes para Rosendo; así lo comprendió éste. Iba a sujetarse a un intenso entrenamiento bajo las sabias instrucciones de su padre. Seguramente lo más arduo era la renovación de todos los conocimientos que había adquirido en el pasado. La siguiente etapa, la de los conocimientos nuevos, incluía un enorme reto porque esos conocimientos se referían no sólo a los que su padre le tendría que enseñar sino, especialmente, los que el propio Rosendo aportaría como fruto de sus investigaciones en la práctica. Lejos de sentirse amedrentado, su entusiasmo no le cabía en el pecho, convencido de que el amor por su padre era el vehículo que lo llevaría con éxito a través de ese viaje, no por difícil menos deseado.

Lo que el Curandero no le dejó entrever fueron las otras dos tareas, todas ellas con el mismo nivel de prioridad que la anterior: tendría que capacitar a alguien en el manejo del ganado y, finalmente, él se convertiría en instructor de Otilia para que ella, a su vez, fuera su sucesora.

El hecho de que en breve Otilia fuera a dar a luz no le preocupaba al Curandero, ya que era un acontecimiento sobre el cual podía tomar las providencias necesarias; no así para los acontecimientos imprevisibles, como sería el que Rosendo se decidiera a formar una familia con Alicia, quien estaba embarazada de él; o que, por su parte, Otilia hiciera algo semejante con otro hombre. Le parecía ocioso tratar de adivinar lo que la gente fuera a decidir en el futuro.

- Ahora, si les parece bien, deseo que obtengamos provecho de esta plática que hemos tenido –dijo el Curandero después de haberse puesto de pie-, pues estamos comprometidos, los tres, con el resto de la gente, en el sentido de que debemos procurarles el mayor bien posible.

- Yo sé que Elodia siempre lo ha hecho, y no digamos tú – intervino Rosendo- Dime qué dispones que yo haga, y aquí, con Elodia de testigo, me comprometo a poner todo lo que esté al alcance de mi mano para no fallarte.

- Antes de comunicarles mis planes, quiero saber si tú –se acercó a Elodia y la miró, a la vez que la tomaba del hombro- no te opondrías a que Otilia comenzara de inmediato a ser ayudante de Rosendo, pues él va a completar su instrucción para ser mi sucesor y, como ya habrás comprendido, Otilia sería la sucesora de Rosendo.

Elodia y Rosendo intercambiaron miradas y por primera vez, después de muchos años, se sonrieron. Este gesto no le pasó inadvertido al Curandero.

- La sonrisa de ambos me responde la pregunta que le hice a uno. Sin embargo, quiero que la confirmen, esta vez los dos: ¿Están de acuerdo?

Después de que contestaron afirmativamente, Rosendo preguntó:

- ¿Y si Otilia no quiere?

Como siempre en casos como el que planteaba una pregunta que pretendiera atisbar en el futuro, el curandero sufrió un sobresalto. Recobrando la serenidad, de inmediato respondió:

- No podemos saber si Otilia no va aceptar; por lo tanto, tampoco sabemos que haríamos en ese caso.

Era obvio para el Curandero que Otilia aceptaría, pues suponía que para ella sería lo más natural iniciarse en los procesos de transformación de los materiales que por años venía recolectando. Elodia, por el contrario, no compartía del todo el optimismo del Curandero. A medida que el embarazo de Otilia fue avanzando, notó en ella una apatía cada vez más acentuada por la recolección, en tanto que crecía su interés por incursionar en el bosque y pasarse largas horas en la contemplación de los grupos de mariposas, regocijándose intensamente cuando las veía llegar para, sin transición, caer en una melancolía tan intensa que frecuentemente se le desbordaba en llanto. Estaba convencida de que las mariposas eran los heraldos que le anunciaban el retorno de Thomas.

Elodia se reservó para ella misma su escepticismo y, lo mismo que Rosendo y el Curandero, se quedó meditando en lo que este último había dicho.

Mientras el Curandero se disponía a tomar asiento nuevamente se dirigió a Rosendo.

- Como ya supondrás, Rosendo, deberás enseñarle a quien tú decidas lo concerniente al manejo del establo... ¿Ya tienes algún candidato?

Rosendo no contestó de inmediato, pues en su mente se libraba una pugna entre sentimientos opuestos: su deseo de reconciliarse con Aurelio, de quien añoraba su cariño fraternal, y el temor de sufrir un rechazo si llevara a cabo un acercamiento.

- ¿Qué te parecería si escojo a Aurelio? –le contestó finalmente- Y tú Elodia, ¿verías con buenos ojos el que Aurelio se hiciera cargo de las vacas?

- No sé a él, pero a mí me encantaría hacerme cargo de ellas.

- ¡Esa es mi Elodia¡! - exclamó el Curandero- Siempre con soluciones espontáneas... Pero no, no sería conveniente. Recuerda que debes atender a tres personas... que muy pronto van a ser cuatro.

Capítulo XI

Parecía imposible contener la hemorragia que le sobrevino a Otilia después del parto. A su condición de primeriza, se agregó un factor que contribuyó empeorar el cuadro: el tamaño del niño y el hecho de tener enredado en su cuerpo el cordón umbilical, todo lo cual exigió de ella un esfuerzo superior al común, a tal punto que la partera, que sudaba tanto como la parturienta, desesperaba por contener la hemorragia; sin embargo no cedía a pesar de haber echado mano de los múltiples recursos, fruto de su larga experiencia. Así, llegó el momento en que consideró conveniente comunicarles sus temores. Otilia escuchó, indiferente, como si no se refiriera a ella; exhausta como se encontraba, lo que deseaba era un descanso e iba abandonándose a la somnolencia que lenta pero inexorablemente la cobijaba a medida que sus venas se vaciaban. Para Elodia, que había asistido todo el tiempo a la partera, la noticia fue como el anuncio de su propia muerte.

-Tal vez se le detenga la hemorragia de un momento a otro.

La partera movió la cabeza y con la intención de no hacer trizas su frágil esperanza le dijo:

-¡A lo mejor!… Platica con ella para que no se duerma, porque si se duerme ya no va a despertar.

Tomó una de sus manos entre las suyas y sin dejar de acariciarla comenzó a hablarle. Pero a Otilia se le dificultaba cada vez más articular palabra, pues sus labios, visiblemente exangües, parecían agrietarse de tan resecos. Elodia atribuyó su abulia a que quizá no la motivara la expectativa de las alegrías que disfrutaría con la crianza del niño, tema de su conversación, y entonces se armó de valor para darle un tono acorde con sus propias necesidades.

-Otilia, hija... ¡No te vayas sin haberme perdonado! –Le imploró, besándole la mano que le estaba acariciando. Otilia no le contestó de inmediato; esperó a que su madre retirara los labios de su mano.

- No recuerdo cuantas veces me has pedido que te perdone, mamá.

- Pues sí, porque nunca me has dicho que me perdonas.

- Es que no sé qué contestarte, mamá; por más que lo intento, no logro entender por qué insistes en que te perdone. A mi modo de pensar, no me ofendiste en nada ni por nada. Tú dices que te sientes culpable por haber favorecido desde un principio que Thomas se quedara y que desde entonces deseaste que fuera para mí. Y yo te digo: gracias por haberlo hecho. ¿Cómo quieres que te perdone por algo que te agradezco?

- Yo quería que se quedara, hija... que no se fuera nunca, y para lograrlo creí que cualquier muchacha podría ser el anzuelo que lo atrapara; pero nunca imaginé que fueras a ser tú.

- Tampoco imaginaste que desde antes de que llegara a la aldea yo ya lo había visto en el bosque, aunque él nunca me vio, porque a escondidas lo iba cuidando. ¡lo veía tan indefenso y tan enfermo!... ¿Qué hubiera hecho sin mí?... Haz de cuenta que yo era como un perrito que fuera guiando a su amo. Por eso, cuando llegó, les insistí que lo acostaran en mi cama, porque si yo era de él, pues todo lo mío también era de él.

- Eso es lo que las mujeres pensamos cuando nos enamoramos, pues deseamos que los hombres nos posean. Después de que nos poseen la cosa cambia: Creemos que nos pertenecen. Por esta razón te he pedido que me perdones, pues las cosas no salieron como creí...Ya ves: se fue y ni siquiera se enteró de que ibas a tener un hijo suyo.

- Tienes razón, mamá... Cuando lo veía dormido en la cama, junto a mí, no me cabía la felicidad, y un grito dentro de mi pecho trataba de abrirse camino para salir, para que todo el mundo supiera que era mío: ¡Es mío... Es mío! No me cansaba de repetirlo. Pero luego me preguntaba a mí misma, como si lo dudara: ¿Será posible que me ame? La respuesta, siempre, siempre, me encendía de placer hasta casi consumirme. Y después, cuando me sosegaba, pensaba que esa felicidad no podía ser eterna, que algún día él terminaría por irse. Así que, mamá: no te aflijas. Él se fue porque así tenía que ser.

- ¿Por qué dices eso?

-Mira: haz de cuenta que él era una mariposa que llegó con todas las demás. Se apareó y luego retorno al lugar de donde vino. Todas hacen eso mismo... porque así debe ser. ¿Lo comprendes?

- Si hijita, sí lo entiendo... Pero tú no te vayas todavía, te lo suplico.

El ruego de Elodia fue infructuoso. Otilia moría, como las mariposas mueren después de expulsar sus huevecillos.

No tardó en llegar el Curandero con su esposa. Ni Aurelio ni Elodia se percataron de su llegada, tan absortos como se encontraban, cada uno en su parcela de dolor, pero alimentándose con un mismo pensamiento: creían que con la muerte de Otilia se consumaba la predicción del Curandero acerca de las calamidades que les sobrevendrían con la llegada de Thomas, y así se lo hizo saber Elodia poco después.

- La muerte no es un daño –declaró el Curandero anteponiendo sus ideas a sus sentimientos-; y si con la muerte se renueva la vida, es un beneficio en lugar de ser un daño. Recuerden que en las creencias de nuestros antepasados, Tonatiuh, el dios del Sol, era recibido al amanecer por los guerreros que daban su vida en la guerra, y lo acompañaban hasta que llegaba al zenit. Desde aquí eran sustituidos por las mujeres que morían de parto, pues igual que los guerreros morían luchando. Así pues, Otilia nunca más sufrirá la soledad que padeció en esta vida, porque ya se transformó en diosa y forma parte de la legión que acompaña al Sol durante la segunda parte del día.

Cuando hubo terminado de hablar, el Curandero se acercó al lecho y se inclinó profundamente hacia la difunta, como si orara en silencio. Y el silencio gravitó pesadamente en la habitación donde yacía Otilia, pues lo mismo que ella, sus padres habían enmudecido tanto de palabra como de pensamiento, sobrecogidos ante la revelación de que su hija, en nueva metamorfosis, ahora se había transformado en una Cihuateotl.

- Aunque no siempre es así –el Curandero puso término al silencio, un silencio ya muy prolongado que Nata deseaba romper desde antes para proponerle a Elodia que amortajaran a Otilia-, con frecuencia la gente que pierde un ser querido suele inculpar a alguien de su muerte. Por favor, no busquen el alivio de su pena culpando a Thomas, no sería justo, porque él nada tuvo que ver con la muerte de Otilia, pues no tiene poder para decidir que alguien muera. A Thomas habrá que culparlo por otros hechos que aún no suceden.

Con estas palabras el Curandero había desvanecido el consuelo ilusorio de Aurelio y Elodia que creyeron que Otilia había pagado con su vida el rescate de la comunidad; mas no por ello se desalentaron ni suplieron con tintes de trágica inutilidad el deceso de su hija. El cumplimiento de aquella predicción continuaba pendiente. Entretanto, había que atender a lo inmediato, y de común acuerdo con Rosendo y Alicia se prepararon para afrontar los eventos que ya tenían en la puerta.

Ante la necesidad de amamantar al niño, y habiendo desaparecido el motivo por el cual tuvieron que vivir en un aislamiento parcial, Aurelio y Elodia le pidieron permiso al Curandero para retornar a la aldea, donde Alicia les había ofrecido ser la nodriza. Para Rosendo, este rasgo significó la completa integración de su mujer a una comunidad que de origen no era la suya, así como la satisfacción de que ella, sin saberlo, amamantaría a un niño que llevaba la sangre de su marido.

Siendo un acontecimiento insólito en la aldea la orfandad por partida doble de un recién nacido, nadie dejó de formular en sus adentros un juicio condenatorio respecto a aquel extranjero de ojos pálidos que llegara desvalido y moribundo para, tiempo después y del mismo modo fortuito, desaparecer cuando más amistoso y conversador era con todos; nadie, pues, imaginó que estando como estaba, estrechamente vinculado con la familia de Aurelio, hubiera sido capaz de pagarles con la moneda de la ingratitud. Sólo el Curandero difería de esas apreciaciones, sin entrar en polémica por ese motivo. Pero sí externaba su punto de vista siempre que estuviera presente el pequeño Tomás, con la finalidad de atemperar la imagen que inevitablemente se iba formando el niño con las conversaciones de la gente del pueblo. Para el Curandero, las suyas no eran sólo especulaciones bienintencionadas para que en la mente del niño se fuera grabando esa imagen amable de su progenitor, sino que estaba persuadido de que seguramente para Thomas no había sido sencillo tomar la decisión de marcharse. El hecho de haber eludido las despedidas significaba que le hubieran dolido y no se sintió capaz de enfrentarse a ese sufrimiento. Por eso lo rehuyó. Thomas no era libre de quedarse: debía cumplir con su compromiso profesional y llevar a cabo las acciones necesarias para alcanzar las metas que se había fijado.

Que Oscar desapareciera no fue motivo de extrañeza; por el contrario, encontraron explicable que aprovechase la coyuntura para realizar su oculto anhelo de emigrar, anhelo cuya semilla sembrara y abonara diariamente con intenciones aviesas el propio Thomas. A nadie, pues, inquietaba su desaparición, salvo al Curandero, a quien le hubiera sido imposible aludir siquiera a sus reconcomios, persuadido de provocar, si los divulgara, un estado de alarma pernicioso por prematuro.

Pero, extrañamente, la conjetura generalizada daba por sentado que si bien se habían ido juntos, en determinado momento Thomas habría tomado rumbos diferentes a los de Oscar -pues rechazaban la idea de que hubiera preferido llevarse al hermano de su mujer que a ésta-, mientras que el Curandero, quien conocía como nadie el interés que Thomas tenía en Oscar, suponía lo contrario con una certidumbre atroz, cuya obstinación por abrir sus labios lo mantenía siempre alerta para conservarlos sellados, así como para no dejarse arrastrar por una credulidad excesiva que lo sujetara a un régimen de continua zozobra, o bien atrofiara su mente haciéndola confiada y haragana.

A Rosendo era al único que le comunicaba sus inquietudes, tanto por ser su hijo, como por haber recuperado su puesto como sucesor y, sobre todo, porque anteriormente le había puesto en antecedentes de que en varias ocasiones Thomas había intentado sonsacarle información relativa a las aplicaciones de los chepiritos, usando argumentos con los cuales hubiera persuadido a otro que no fuera él. Como no había logrado que Rosendo cayera en sus lazos, dos semanas antes de que se fuera insistió por última vez, pero entonces hizo patente su desesperación al usar como recurso ya no el dinero sino el chantaje sentimental. De esta confesión, el Curandero pudo deducir que Thomas ya antes había fracasado al intentarlo con Oscar y que este fracaso lo había empujado a intentarlo con Rosendo. La suma de sus dos fracasos lo empujó a tomar la determinación apremiante de llevarse a Oscar, con la finalidad de alejarlo de quien representaba la prohibición viviente; después esperaría con paciencia a que la censura desapareciera de su mente.

Si así habían ocurrido estos hechos, sólo había que esperar el advenimiento de otros, porque Oscar poseía sólo un conocimiento parcial de lo que a Thomas le interesaba.

Por otra parte, el cariz de fuga que Thomas le había conferido al desenlace de su estancia en la aldea, era asimismo otro de los muchos cabos sueltos que el Curandero se empeñaba en organizar para descubrir su significado. Y este constante rumiar de datos acumulados constituía, a la vez, el acicate que hacía de él un radar para el acopio de nuevas señales. Así, cuando escuchó los rumores relativos a cierta brigada de topógrafos que desde varias semanas atrás trabajaba en las inmediaciones de la aldea, ocultó tras la expresión apacible de su rostro el violento sobresalto y, con sonrisa indulgente, les permitió a todos —excepto a Rosendo- creer en los beneficios que traería a la aldea la futura carretera para la cual se realizaban esos trabajos previos.

Con Rosendo ya hacía tiempo que no tenía reservas de ninguna naturaleza. Por el contrario, consideraba como su obligación comunicarle los métodos y procedimientos que contribuirían a desarrollar en él una sensibilidad a flor de piel y a percibir los detalles más sutiles de lo que le rodeara, detalles inasequibles para la simple observación. En eso consistía la última fase de su entrenamiento, ya no como aprendiz sino como Curandero sucesor.

Algún tiempo después de terminada la carretera –recién había cumplido cinco años el pequeño Tomás- Oscar regresó a la aldea, causando tan gran conmoción como jamás se había visto; mas no por el hecho, para todos trivial en sí mismo, de su retorno, sino por las noticias de que era portador.

Seguro de encontrar a su familia reunida, había llegado directamente a la cabaña de la ladera a la hora de la comida. Verla deshabitada lo llenó de consternación. Sin pensarlo mucho remontó la colina con una agilidad infantil recobrada de sus recuerdos y con una idea obsesiva que le servía de acicate: llegar a la casa del Curandero. Lo que había ganado en estatura lo había perdido en carnes, pero la elegancia de sus movimientos le confería a su cuerpo enteco un aspecto atrayente. Los que lo vieron pasar no tuvieron dudas de quien era, ya que todos declaraban: "¡Es el vivo retrato de Aurelio!"; y aunque no le pasó inadvertido que lo observaban, no interrumpió su marcha, prefiriendo apegarse a su primer propósito que detenerse a indagar con cualquiera de ellos por el paradero de su familia.

Esta decisión de Oscar fue como una premonición, debido a que el Curandero se hallaba apunto de emprender el primero de sus viajes. Sin demorarse en prolongadas bienvenidas, el Curandero de inmediato inició un interrogatorio desnudo de interferencias afectivas que inhibieran a Oscar o lo indujeran a distorsionar sus respuestas, y al mismo tiempo lo obligó amigablemente a seguirlo a la cocina para que satisficiera su apetito. Después lo condujo al portal interior, el cual formaba parte del cuadrángulo de portales de la casa municipal, donde la comunidad solía congregarse por las tardes dominicales.

Aislados de ese modo, previa la promesa de que una de sus nietas iría a avisar de su llegada a sus padres, el Curandero se dispuso a reanudar la conversación que había iniciado sin éxito en la cocina. Oscar le había dado una contestación cándidamente evasiva a la primera de sus preguntas, y cuando debía afrontar la segunda, surgida sobre la marcha, la eludió atiborrando de comida su boca.

Inculpándose por su descuido al pasar por alto que estaba hablando con un Oscar distinto al de antaño, el Curandero optó por una prudente indiferencia y desplazó provisoriamente de la conversación la temática sustancial para suplirla con fruslerías; quizá de esta forma Oscar creyera en lo acertado de la intención disuasiva de sus respuestas anteriores y, por consiguiente, su prevención se esfumara.

Con esta determinación, el Curandero comenzó diciendo:

- Debes estar fatigado por el viaje. Si quieres, dejamos para más tarde la plática y primero descansas.

- Se lo agradezco sinceramente, y también con sinceridad le aseguro que no estoy cansado.

- Si vienes desde Canadá, aunque hayas viajado en avión, es admirable que no sientas cansancio. Muy pronto sabré si soy capaz de realizar largos viajes sin fatigarme, así como tú.

"Pero los años pesan", pensó Oscar y su pensamiento fue tan solo como un relámpago ante la presencia de un anciano en quien ostensiblemente veía que no era aplicable tal sentencia y sabiendo, además, que era poseedor de fórmulas maravillosas a base de chepiritos.

- Yo no lo dudaría. Por el contrario, usted viajará sin fatigarse a lugares mucho más lejanos, como los que realizaron sus antecesores. Si mal no recuerdo, alguno de ellos llegó en sus andanzas a regiones del Amazonas; ahora, usted podría ir hasta el Tíbet si lo desea. No alcanzo a imaginar el inmenso cúmulo de experiencias y conocimientos que traería a cuestas a su retorno.

- También tú has regresado con más conocimientos de los que poseías cuando te fuiste; por ejemplo, los idiomas que aprendiste en Canadá. Dijiste que puedes comunicarte en inglés y en francés, y esos también son conocimientos útiles para ti; y como muy pronto serás un médico hecho y derecho, mucha gente, ya no nada más tú, se beneficiará. Quizá todo esto que lograste durante largos años lejos de tu ambiente natural te ha servido para valorar lo que dejaste atrás -Una rápida ojeada al rostro de Oscar indujo al Curandero a agregar- Del mismo modo que estuve seguro de tu retorno, ahora que regresaste lo estoy de que te quedarás para siempre.

- No... no... Es imposible. Yo vine nada más por una temporada de dos o tres días —corrigió Oscar, desconcertado por la afirmación del Curandero.

- Dos o tres días son nada —dijo el Curandero con displicencia- Si Thomas te hubiera concedido más tiempo, tú y yo discutiríamos sobre muchas de las cualidades curativas de los chepiritos, que no conociste.

- ¡Tal como lo supuso Thomas!... Entonces, yo estuve equivocado al creer que me habías proporcionado toda la información —concluyó meditativo Oscar, sin percatarse de que estaba tuteando al anciano y de que había pasado por alto la sugestión implícita de su dependencia respecto de Thomas.

- ¡Oh no! En aquellas ocasiones me limité a la que Thomas me pedía a través de tus preguntas y que le llegaría también por tu conducto -insistió el Curandero sin desanimarse por la aparente habilidad de Oscar en evadirse-; pero de no haberse marchado tan en secreto y tan de repente tú habrías tenido ocasión de semblantear que lo que sabías era apenas un centésima parte. Ignoro la causa de su urgencia... y no me importa. Pero recordarás que yo me encontraba en la mejor disposición de trasmitirte sin reserva mis conocimientos. Ahora, aunque a pesar de todo conservo la misma disposición, sería un error de tu parte —que no cometerás- distraer tu atención de las importantes tareas que te ha encomendado Thomas, por algo que a estas alturas es de nulo interés para sus investigaciones.

- ¡Cómo crees que no le va a interesar! —exclamó Oscar precipitadamente y, sin darse cuenta, habló de lo que se proponía mantener oculto- Lleva años en el laboratorio analizado los chepiritos; todo el tiempo que le dejan libre sus asuntos de la Reserva Ecológica con personas de la política los dedica a ellos y en muchas ocasiones ha lamentado el haber abandonado la aldea como lo hicimos; pero debió hacerlo así, porque cuando fuimos a Yorikostio aprovechó para llamar por teléfono al Instituto y entonces le ordenaron que se regresara urgentemente a Canadá porque su padre se encontraba en agonía. Lo que siguió es largo de contar y no viene al caso, pero sí insistiré en que te recuerda frecuentemente cuando se topa con problemas en el laboratorio y al recordarte suele admitir lo fácil que todo sería con tu experiencia.

Con el triunfo en el puño, el Curandero no quiso arriesgarse a preguntar directamente y prefirió echar el siguiente anzuelo:

- Thomas tiene razón —enfatizó con imperceptible sorna- Tú sabes que no somos los únicos... pero, de manera similar a las demás aldeas, podríamos ufanarnos de los conocimientos que nosotros hemos acumulado durante siglos, no solamente de los chepiritos, aunque de éstos, como ya supondrás, hemos diversificado bastante sus fórmulas y sus aplicaciones, desde la de complemento de la alimentación. Por lo tanto, somos capaces de seleccionar, de entre una amplia gama de posibles dosis la indicada, sabiendo de antemano los resultados correspondientes a cada una de ellas —Desahogó un suspiro en staccato y luego agregó- Lástima que te permitiera visitarnos sólo por tres cortísimos días... Ahora que, bien pensado, es mejor así, porque me ahorra el disgusto de condicionar lo que en el pasado fluía espontáneamente. Si dispusieras de tiempo suficiente cabría la posibilidad de encerrarnos en el cuarto de las curaciones para que nadie nos estuviera carrereando y pudieras asimilar en la práctica la totalidad de fórmulas. Este comentario te lo hago con la esperanza de que reconsideres tu decisión; pero si continuaras en tu propósito de regresarte en el tiempo que dijiste, se me presentaría un dilema: Me abstengo de proporcionarte el más insignificante de los datos o bien todos los pondría a tu disposición bajo juramento de no divulgarlos jamás, ni tú ni Thomas; aunque sí podrían aplicarlos.

Sobrevino inesperado silencio. A Oscar lo atrapó la telaraña de la evocación. Recordó las horas que pasaba día tras día en la casa del Curandero, aquella alegría de la que nunca se percató hasta ahora que se había trasformado en melancolía. Deseaba con todo su corazón que esa alegría que se había quedado allá, en el pasado, se le hiciera presente como una promesa, una bienvenida; pero su trasmutación era irreversible, y en lugar de luminosa bienvenida, la tristeza le había salido al paso como una amenaza sombría, desalentándolo a caer en la tentación de quedarse para siempre: "Aquí me moriría de hastío. Aquí no cambia nada y lo que cambia no causa conmoción, y ya me acostumbré a los cambios vertiginosos". Y al pensar así recobró la serenidad.

Ante la vacilación de Oscar, el Curandero se apresuró a corregir tajantemente:

- ¡No! Esta última opción es absurda... ¿Cómo garantizaría Thomas el cumplimiento de una promesa así?

- Es que la garantía existe –dijo Oscar con precipitación, rascándose en forma significativa la cabeza como si tuviera dificultad en desembarazarse de sus escrúpulos- Es que él con frecuencia insiste en que no debemos hacer la menor alusión a cerca de sus investigaciones. No se cansa de exigirme absoluta discreción. Por eso no contesté a tus primeras preguntas en la cocina.

No obstante lo conmovedor de su argumentación, el Curandero prefirió curarse en salud y prosiguió el diálogo en la misma tónica.

- Me complace que coincidamos en ese punto, y nuevamente lamento su falta de confianza para hablarme claro cuando él estuvo aquí –un vasto ademán de sus brazos acompañó las siguientes palabras- ¿Por qué es necesario conservar en secreto este conocimiento? Porque de lo contrario, un tropel de personas sin escrúpulos, personas ambiciosas, invadiría estos lugares, y a la vuelta de pocos años ya no habría chepiritos.

- Mientras que de la otra manera –interrumpió Oscar, movido por el entusiasmo de escuchar en labios del Curandero razonamientos muchas veces expuestos por Thomas-, se mantiene controlado su aprovechamiento y se estaría protegiendo a las mariposas, ya que, según me ha dicho Thomas, con sus investigaciones logrará que pocos chepiritos rindan muchísimo. Yo lo he visto en el laboratorio fabricar con ellos cápsulas, píldoras, soluciones y otras presentaciones.

Al escuchar lo anterior, el Curandero sintió gravitar sobre su pecho el inexorable cumplimiento de sus vaticinios. Sí... ¡Estaban perdidos! En un plazo aún desconocido pero con seguridad perentorio los arrancarían del suelo que los había nutrido con las sustancias de sus muertos y se les despojaría de su ancestral y supremo medio de supervivencia. Sobreponiéndose a su fatalismo continuó el rito de una conversación llevada a cabo con una máscara de benévola complacencia, liberando sus pensamientos en alas de la palabra.

- Ahora me asalta un reconcomio: Podría suceder que con el pretexto de evitar el supuesto exterminio de las mariposas por la invasión y destrucción de su hábitat, nos desalojaran a todos los que hemos vivido en este lugar y que lo hemos compartido por siglos con las mariposas que año con año vienen a visitarnos. Mira Oscar: yo creo que después de que a esta área la declararan protegida, en realidad estaría mucho más expuesta que antes a esos peligros y, por lo tanto, la extinción de las mariposas se consumaría por otros motivos. Quizá la ambición de lucrar con sus indefensos cuerpecillos sería el principal. ¿No crees que esto vendría a resultar un crimen más abominable?

- Thomas me ha llevado a algunas de sus conferencias. Recuerdo que en una de ellas él afirmó que tanto las especies como también las culturas de los pueblos, poseen mecanismos de adaptación y regulación, y que si éstos fallaran, la especie o la cultura de que se trate estarían destinadas a la extinción en forma natural, como ocurrió con los animales prehistóricos y con las viejas culturas; que todos los esfuerzos por retrasar la extinción de una u otra sería como prolongar su agonía insuflándoles vida artificial.

Los puños crispados del Curandero delataron su extrema indignación. Oscar había sido exhibido en tales eventos como testimonio elocuente de la tesis de Thomas. Sin embargo, su bochorno fue desvaneciéndose y cuando Oscar terminó de hablar no quedaba huella de él.

- ¡Claro! —exclamó de pronto el Curandero, emergiendo de los presentimientos aterradores engendrados por lo que acababa de escuchar. De súbito se le abría un horizonte hacia el cual nunca antes propendiera a dirigir la mirada- Esas asociaciones para la protección de ciertas especies, a las que alguna vez se refiriera Thomas en las pláticas que sostuvimos, tienen un trasfondo político.

- Y no sólo ese –se apresuró a aclarar Oscar impulsado por la presunción de poder anticiparse al discurrir del Curandero-, sino también económico. Aunque en este terreno no he incursionado y por lo tanto solo me han quedado ideas fragmentarias de lo que Thomas me ha explicado. Por ejemplo: que si el gobierno prohíbe algo, entonces el producto se vende más caro... Menciona palabras como: monopolio, acaparamiento y otras más, muy complicadas para mí.

- Supongo que todas esas palabras no son aplicables a las mariposas –apuntó el Curandero, como para sacar a Oscar de su embrollo- Sin temor a equivocarme, en esas juntas lo que se busca es conseguir una especie de permiso para explotarlas racionalmente, con exclusividad; o sea que sólo Thomas tendría los derechos de explotación.

- De esto último no me ha hablado nunca. Por lo que se refiere a las reuniones que celebra con hombres de negocios, es tal como tú lo supones: eso y más discuten... Aspectos como las regalías, patentes, diseños, publicidad... Aunque en ocasiones la discusión se vuelve muy acalorada, Thomas logra persuadirlos con sus argumentos; de ahí que recientemente lo hayan nombrado director general del centro de investigaciones, cuyo edificio se construirá en un lugar muy cercano a la aldea.

- Sí, estoy informado –mintió intencionalmente-; y también sé que eso será después de que nos echen de la aldea, si he de creerle a los topógrafos que vinieron a hacer el deslinde de...

- ¡Ah sí! –Interrumpió con cierto aire de suficiencia- El Parque Nacional y Reserva Ecológica. Pero no... no creo que los echen. Mejor dicho: Estoy seguro de que no los echarán.

El Curandero se sintió ultrajado por la ostensible petulancia y el desdén con el cual Oscar pronunciara "No creo que los echen". Se estaba declarando ajeno a la comunidad y por encima de su desventura.

Ya sabía lo que necesitaba saber. Se puso de pie y dijo:

-Vamos a ver si ya están aquí tus padres... ¡Ah!: No digas una sola palabra de cuanto hemos hablado. En el momento adecuado yo les informaré.

Oscar lubricó con una sonrisa de insolente benevolencia la superflua recomendación del Curandero.

Transcurridos los tres días se despidió y fue a reunirse con Thomas en la ciudad de México.

Capítulo XII

A Thomas le tomó por sorpresa la noticia del deceso de Otilia y su sorpresa se acrecentó al enterarse de que había muerto al dar a luz un hijo de él. Así, de la aflicción que la primera le causara pasó al desconcierto, a la incómoda apreciación de hallarse en el banquillo, inerme de argumentos con los cuales refutar una acusación: No podía invocar siquiera el atenuante del olvido ni pretender salvaguardar su honor con el subterfugio de la duda. Recurrió entonces al superfluo recurso de conjeturar sobre lo que podría haber sido.

-Si Otilia no hubiera muerto, habría llevado a cabo ahora mismo todas las gestiones para hacerme cargo de los dos y estaría al tanto para que no les hiciera falta nada, ya fuera en México o en Canadá. Pero tal y como ha ocurrido, ni pensar en la posibilidad de hacerme responsable del niño. Nadie mejor que los abuelos para hacerse cargo de él.

Sorprendido de lo que escuchaba y con una capacidad muy escasa para la tolerancia, Oscar interpuso una sorpresa más para interrumpir a Thomas:

- Me dijo el Curandero que los iban a echar de la aldea... ¿Sabes algo al respecto?

Cayó un silencio que parecía no tener fin. Thomas, inmóvil, ni parpadeaba, como esperando a que Oscar continuara, que agregara alguna información; pero Oscar continuaba sentado frente a su escritorio, con el mentón apoyado en una de sus manos, esperando, a su vez, la contestación de Thomas.

- Es extraño, muy extraño que lo sepa –comentó, al fin, meditativo, y luego agregó sin preocuparse de disimular la frialdad de su respuesta- Desafortunadamente la aldea se encuentra dentro del área y, por consiguiente, los habitantes serán reubicados.

- ¿Por qué me lo habías ocultado? –inquirió Oscar sin el menor indicio de animosidad, pero con un dejo de reproche.

- Recién me lo han comunicado hoy; por eso me sorprendió que el Curandero lo supiera. ¿De casualidad ya le habrá informado su corresponsal en donde los reubicarán? porque te confieso que yo aún no lo sé.

- Me parece fuera de lugar la sorna con la que hablas.

- Perdóname, querido Oscar –exclamó mansamente Thomas rectificando su actitud, pues comprendió al punto su falta de tacto- No obstante, te he dicho la verdad. Ahora debemos pensar y determinar la manera de suavizarles el golpe; en particular a tu familia, ya que no se encuentra en nuestras manos evitarlo.

La pregunta "¿Cuándo se ejecutará tal disposición?" pereció bajo un alud de pensamientos que, con asombrosa eficacia, el cerebro analítico de Oscar transformó felizmente en sencilla solución: Nunca más visitaría a su familia. Entonces cayó en la cuenta de que su reciente visita a la aldea la había realizado obedeciendo ciegamente a una premonición, y veía con claridad lo que había estado oculto en ella: su carácter de despedida. Luchando por parecer insensible a la estocada de la tristeza comentó:

- Yo me encargaría por entero de ese asunto si no tuviera que estar en Canadá el próximo lunes para inscribirme en la Universidad.

-Lo sé… Déjamelo a mí. Voy a aprovechar que debo entrevistarme con el gobernador de Michoacán a fin de afinar los últimos detalles de lo que él llama "Santuario de las mariposas", para que a mi regreso de Morelia pueda visitar al Curandero. No me han confirmado el día exacto de la entrevista; sólo espero que sea antes de que a los habitantes de la aldea los reubiquen; de lo contrario se complicaría. Aun así, confío en que el Curandero haga uso de sus cualidades especiales para lograr nuestro encuentro.

El viaje proyectado de Thomas a Morelia se iba posponiendo. A raíz de una llamada telefónica de su madre, realizó un viaje urgente a Canadá para atender a Oscar, quien había caído víctima de una crisis de depresión, encontrándolo al borde de la inanición a causa de que no habían logrado que probara alimento. Posteriormente, había realizado un viaje a Suiza, donde se llevaban a cabo ciertas pruebas de una fórmula diseñada por él, en un laboratorio de renombre internacional, para sintetizar las sustancias esenciales de la Asclepia, planta de la cual toman su único alimento las orugas de las mariposas Monarca. Estos y otros asuntos hacían que Thomas desplazara de su agenda de actividades la fecha del viaje que le había anunciado a Oscar, pero no desplazaba de su mente la aldea que lo había acogido.

Entretanto, aquella cabaña que fue su salvación en tiempos ya remotos había desaparecido, como en aquella ocasión el humo de su chimenea: sin dejar rastro. La misma suerte habían corrido todas las demás casas de la aldea.

Cuando esto ocurrió, hacía un año que el Curandero se encontraba viajando, ya que Rosendo se había hecho cargo de sus funciones desde hacía dos; pero al sobrevenir ese desastre el Curandero retornó, pese a que Rosendo se había esforzado hasta lo indecible por evitarlo; pero fue incapaz de reprimir su angustia y ésta logró escapársele transformada en su mensajera.

Saber que se hallaban amenazados sin poder determinar la naturaleza ni la magnitud de tal amenaza ¿de qué le sirvió a su gente? La mente del Curandero realizaba esfuerzos agotadores pretendiendo abrir una rendija en el futuro, a través de la cual extraerle una semilla de esperanza. Como para él todo lo que ocurría llevaba consigo un significado agorero, se encontraba empeñado en descubrírselo a dos sucesos vinculados directa e íntimamente con Thomas. Uno se refería a Oscar y el otro al hijo de Otilia ¿Qué significado se escondía en el hecho de que Thomas, a sabiendas de que existía, hubiera abandonado a quien él había engendrado y prefiriera conservar a su lado a Oscar que ni siquiera era de su raza?

El conflicto del Curandero, lejos de encontrar alivio en el constante reflexionar, se recrudecía. ¿Por qué había caído sobre su espalda y sobre las de su generación la tragedia de la ruptura? ¿Por qué no sobre las del pasado?... ¿Por qué no sobre las del futuro? ¿Por qué tuvo que ser él el protagonista de un acontecimiento catastrófico? Estas interrogantes devastaban su paz; eran su prisión y su verdugo. Prisión de la que no podía fugarse como a diario se fugaba de la inhóspita vivienda donde ahora vivía, supletorio atroz de su luminosa y vasta casa ahora reducida a pavesas.

Huía también de la vergüenza de sentirse nada en presencia de sus hermanos de exilio -que era su otro verdugo-, dirigiéndose al caer la tarde, sobre seco o sobre mojado, hacia sus amados bosques. Ya desde que se detenía en la orilla de la carretera, siempre en el mismo punto, antes de trasponerla, contemplaba con nostalgia el paisaje lejano. Pero ahora le llamó poderosamente la atención una bandada de mariposas Monarca que sin detenerse continuaron volando a poca altura; también él se dispuso a cruzar, pero en ese momento vio que se aproximaba un lujoso automóvil deportivo con la capota recogida no obstante el intenso frío, portavoz del inminente invierno. Cuando lo tuvo a escasos metros de distancia, su mirada siempre inquisitiva reconoció en el conductor a Thomas Vickers. Como cuerda pulsada con violencia vibró su cuerpo, y poseído por feroz desesperación le gritó levantando el puño:

- Regresa, infame; regresa y termina de destruirme... Por favor, ¡Regresa!

Una ráfaga saturada de escarchado relente que las veloces ruedas levantaron del asfalto abofeteó el rostro desencajado del Curandero; pero él, insensible, continuó repitiendo esa invocación como si fuera su propio eco, hasta que se percató de que se hallaba corriendo neciamente en persecución del automóvil; entonces se detuvo y como si le estuviera hablando al oído, le dijo con ánimo transfigurado:

- ¡Ten cuidado, Thomas, ya anochece! Y no cuentas con Otilia para que te proteja de las Cihuateteo. Ahora es una de ellas.

Poco después el vehículo se perdió de vista entre la neblina distante.

La difusa luz del ocaso, en complicidad con el rugido del motor, había sepultado la presencia del Curandero en el momento que Thomas pasaba frente a él. Además, iba tan absorto en los detalles del discurso que en la mañana del día siguiente pronunciaría en la apertura del congreso internacional de movimientos ecologistas a celebrarse en Morelia, que nada lo hubiera podido distraer; sólo la descuartizada Coyolxhauqui lo hacía cada vez que el capricho de la sinuosa carretera ponía frente a sus pálidos ojos el lívido fragmento hundiéndose en el crepúsculo.

Como solía hacerlo inconscientemente, sus dedos presionaron con firmeza el volante y la suave vibración despertó en su conciencia la sensual embriaguez del poder detentado. Una sonrisa de triunfo saturó de miel sus labios.

A medida que se aproximaba a la comarca de "Mil Cumbres", la noche se le venía encima y la carretera se iba tornando más intrincada. De cuando en cuando, girones algodonosos se arremolinaban, inofensivos y curiosos, al paso del automóvil.

Fascinado por el ritmo de la Música Acuática de Handel que venía silbando, sentía como si danzara con su automóvil, virando a la derecha, luego hacia la izquierda. En uno de esos virajes prolongó más de lo debido una nota -pues no lograba recordar la que le seguía-, cuando, de súbito, un enjambre de mariposas se estrelló contra el parabrisas, transformándolo instantáneamente en una placa turbia por la que escurrían densos grumos y minúsculas lascas escamosas.

Del otro lado del parabrisas distingue, con ojos atónitos, el desdibujado pero inconfundible rostro de Otilia, y a la vez que sus manos se crispan en el volante murmura desfalleciente:

- ¡Las Cihuateteo!

FIN